QUÍMICA ORGÂNICA

AUTORES

Maira Ferreira. Mestre em Educação pela UFRGS. Especialista em Química pela Unisinos e em Ensino de Química pela UFRGS. Licenciada em Química pela PUCRS. Professora e coordenadora dos cursos de Licenciatura e Bacharelado em Química na Unilasalle. Professora convidada da Área de Educação Química da UFRGS.

Lavínia Borba Morais. Licenciada em Química e Química Industrial pela UFRGS. Professora do EJA. Bolsista do Programa de Iniciação Científica da Fapergs.

Tatiana Zarichta Nichele. Mestre e Bacharel em Química pela UFRGS. Bolsista do Programa de Iniciação Científica do CNPq e do Programa de Extensão no Instituto de Química da UFGRS.

José Claudio Del Pino. Pós-doutor em Ensino de Química pela Universidade de Aveiro, Portugal. Doutor em Química de biomassa pela UFRGS. Especialista em Ensino de Química pela UCS. Licenciado em Química pela UFRGS. Professor do Instituto de Química e do PPG em Educação em Ciências: Química da Vida e Saúde da UFRGS. Coordenador da Área de Educação Química.

F383q   Ferreira, Maira
Química orgânica – ensino médio / Maira Ferreira, Lavínia Morais, Tatiana Zarichta Nichele, José Claudio Del Pino. – Porto Alegre : Artmed, 2007.
152 p. : il. ; 23 cm.

ISBN 978-85-363-0909-5

1. Química: Ensino Médio. 2. Química Orgânica. I. Morais, Lavínia. II. Nichele, Tatiana Zarichta. III. Del Pino, José Claudio. IV. Título.

CDU 547(075.3)

Catalogação na publicação: Juliana Lagôas Coelho – CRB 10/1798

QUÍMICA ORGÂNICA

MAIRA FERREIRA
LAVÍNIA MORAIS
TATIANA ZARICHTA NICHELE
JOSÉ CLAUDIO DEL PINO

artmed®

2007

© Artmed Editora S.A., 2007.

Capa
Paola Manica

Preparação do original
Josiane Tibursky

Leitura final
Carla Rosa Araujo

Supervisão editorial
Mônica Ballejo Canto

Projeto gráfico e editoração eletrônica
Armazém Digital Editoração Eletrônica – Roberto Carlos Moreira Vieira

Reservados todos os direitos de publicação, em língua portuguesa, à
ARTMED® EDITORA S.A.
Av. Jerônimo de Ornelas, 670 - Santana
90040-340 Porto Alegre RS
Fone (51) 3027-7000 Fax (51) 3027-7070

É proibida a duplicação ou reprodução deste volume, no todo ou em parte, sob quaisquer formas ou por quaisquer meios (eletrônico, mecânico, gravação, fotocópia, distribuição na Web e outros), sem permissão expressa da Editora.

SÃO PAULO
Av. Angélica, 1091 - Higienópolis
01227-100 São Paulo SP
Fone (11) 3665-1100 Fax (11) 3667-1333

SAC 0800 703-3444

IMPRESSO NO BRASIL
PRINTED IN BRAZIL

Sumário

Apresentação vii

Parte I
Caracterização de compostos orgânicos

1. Cadeias carbônicas 13
2. Estudo de compostos orgânicos 17
3. Isomeria 49

Parte II
Reações e propriedades de compostos orgânicos

4. Combustíveis e produção de energia 75
5. Fermentação e oxidação de compostos orgânicos 85
6. Esterificação e saponificação 97
7. Polimerização 113
8. Solubilidade e ponto de ebulição: propriedades importantes para o estudo de compostos orgânicos 123
9. Caráter ácido e básico: propriedades importantes para a compreensão de reações de compostos orgânicos 133

Referências 147

Apresentação

Nossas atividades no ensino de química, ao longo do tempo, têm nos permitido identificar problemas de diferentes ordens, como, por exemplo, alunos pouco motivados ao estudo de química, dificuldade dos professores em selecionar conteúdos de acordo com o desenvolvimento cognitivo dos alunos e também de acordo com o contexto social, inadequações metodológicas do trabalho docente, o que não possibilita alcançar um desejável desenvolvimento intelectual do aprendiz (Del Pino, 1993; Goulart, 1989; Heron, 1975). Essas e outras questões são apontadas, muitas vezes, como causas para altos índices de reprovação na disciplina de química e para a evasão escolar.

Em nossas ações na formação inicial e continuada de professores de química, temos trabalhado por uma educação científica que enfatize a necessidade de uma contextualização e de uma politização da abordagem do conhecimento químico em sala de aula, tornando-o útil para a formação do cidadão. Sendo assim, as propostas de ensino que temos desenvolvido têm uma forte relação com o cotidiano do aluno e, tal como afirma Del Pino (1991), essas podem ser caracterizadas "como a aplicação do conhecimento químico estruturado, na busca de explicações para a facilitação da leitura dos fenômenos químicos presentes em diversas situações na vida diária", de modo a permitir aproximar o mundo da química ao mundo do aluno-cidadão, e com isso motivá-lo para se envolver no processo de construção do conhecimento químico no contexto escolar.

Para operacionalizar tal projeto temos produzido materiais didáticos em uma abordagem que privilegia a utilização de metodologias ativas, geralmente derivadas da concepção construtivista do conhecimento. Isso implica planejar ações que considerem o crescente grau de complexidade dos conteúdos trabalhados, de modo a permitir que os estudantes construam seus conhecimentos de forma cooperativa com seus colegas e com seu professor (Krüger, 1994; Osborne e Freyberg, 1991).

Consideramos que as organizações curriculares, ao abordarem a Ciência em uma dimensão que relaciona Ciência, Tecnologia, Sociedade e Ambiente (CTSA), se propõem a vincular educação científica e cidadania, e isso implica ensinar ciências em um contexto tecnológico e social. Os movimentos CTSA buscam fazer com que os estudantes integrem sua compreensão sobre os conteúdos da ciência com o desenvolvimento tecnológico e com os efeitos desse desenvolvimento em seu mundo social, permitindo associar conhecimento científico com: qualidade de vida, efeitos ambientais das aplicações tecnológicas e tomada de decisões dos indivíduos quanto ao emprego das tecnologias, à industrialização, ao consumo e à ética, entre outros.

Santos e Schnetzler (1997) consideram que a educação para a cidadania implica na participação dos indivíduos na sociedade e que essa participação dependerá das informações que os sujeitos possuem acerca de questões vinculadas aos problemas sociais que afetam sua vida e que exigem seu posicionamento quanto às alternativas de soluções. Esses autores afirmam que o movimento de ensino de CTSA teve origem no início dos anos de 1970 e que sua inclusão no ensino de ciências é explicada pelas consequências decorrentes do impacto da ciência e da tecnologia na sociedade moderna, justificando o surgimento do movimento em vários países em uma mesma época.

Entendemos que o ensino das ciências deve ser voltado à formação da cidadania, o que inclui a compreensão do caráter provisório das teorias científicas e do caráter social na produção da ciência e da tecnologia no desenvolvimento de produtos e de processos consumidos pela sociedade contemporânea, possibilitando aos sujeitos intervirem em sua realidade social.

Os livros didáticos tradicionais, comumente utilizados nas escolas como livros-texto, raramente abordam essas questões. Considerando que a seleção dos conteúdos escolares de química é usualmente determinada pelos livros didáticos, é possível que haja a limitação da capacidade criativa e reflexiva do professor, uma vez que este não participa da escolha dos temas ou da metodologia de abordagem dos conteúdos selecionados pelos autores desses livros. E mesmo que consideremos as críticas que vêm sendo feitas aos livros didáticos, sabemos que isso ainda não é suficiente para reverter o papel "direcionador" do livro didático. Entendemos, também, ser muito difícil para o professor, individualmente, produzir materiais didáticos alternativos. Isso porque, além das dificuldades inerentes a sua formação, tal atividade requer tempo, dedicação, infraestrutura e recursos, o que, muitas vezes, o impede de realizar essa prática. Além disso, "as escolas (...) não colocam para si a questão da produção do conhecimento, em especial o conhecimento químico. É consenso que isso não diz respeito ao professor que leciona química" (Lutfi, 1992).

Ao discutir-se a necessidade de produção de materiais alternativos, um aspecto importante a ser considerado é a multiplicidade de instituições e processos culturais que têm se configurado como educativos. Os textos da mídia, por exemplo, ao divulgarem aspectos pertinentes à ciência e à tecnologia estão no contexto do processo educativo.

No caso do ensino de química, não é possível deixar de reconhecer o papel dos produtos da indústria química no dia a dia da população. As roupas de fibras sintéticas, os combustíveis dos automóveis, as tintas e solventes, os medicamentos, a borracha sintética, os plásticos, os fertilizantes, os defensivos agrícolas, os sabões e os detergentes e os aditivos alimentares, entre outros, são produtos que fazem parte das necessidades básicas dos indivíduos, e seus processos de produção e as consequências de suas aplicações têm implicações ambientais e econômicas que precisam ser discutidas.

Reconhecemos as indústrias – petrolífera, petroquímica, farmacêutica, alimentícia –, os postos de gasolina e a mídia, entre outros, como espaços educativos para o desenvolvimento desse trabalho, considerando que "os processos escolares tornam-se comparáveis aos processos de sistemas culturais extraescolares, mesmo que esses últimos careçam do objetivo explícito de ensinarem um corpo de conhecimentos" (Silva, 1999). Nossa atuação na produção de material didático tem nos indicado que as ações e as práticas propostas em sistemas culturais extraescolares se mostram adequadas a um modelo pedagógico que busca educar por meio do ensino de química.

Diante dessas considerações, justificamos o desenvolvimento de uma proposta para abordagem dos conteúdos de química orgânica na educação básica a partir de proposições, de discussões e de reflexões sobre o saber, o ensinar e o aprender química, que tragam para a sala de aula temas sociais relevantes e metodologias de ensino que extrapolem a aula expositiva, tentando tornar mais significativo o aprendizado de química.

O estudo de química orgânica é de grande importância pela existência e pelas aplicações de inúmeros compostos de carbono. Os elementos organógenos, em suas diferentes possibilidades energéticas e espaciais de produzirem compostos químicos, possibilitam a existência de inúmeras substâncias diferentes. Estes compostos estão presentes na origem da vida e são essenciais para sua manutenção, quer seja pela constituição dos organismos vivos, quer seja por suas relações exteriores que envolvem alimentação, vestuário, medicamentos, construção de casas e meios de transporte, entre tantos outros.

Desenvolvemos este trabalho buscando, inicialmente, relacionar os conteúdos comumente tratados em aulas de química orgânica no ensino médio a aplicações dessa área de conhecimento em indústrias petrolífera, petroquímica, farmacêutica e de alimentos, apresentando os assuntos a partir de textos produzidos a partir de abordagens da mídia (jornais, revistas, internet) sobre temas relacionados às aplicações industriais e aos efeitos ambientais desses processos. Em um segundo momento, apresentamos o estudo de propriedades e características dos compostos orgânicos, considerando as reações químicas como eixo articulador do desenvolvimento dos conteúdos e encontramos na experimentação uma metodologia de ensino adequada ao ensino de química orgânica, considerando a reação química o centro do estudo.

Então, temos esta proposta de ensino dividida em duas partes. Na primeira parte, abordamos tópicos ou temas específicos, partindo de eixos temáticos – combustíveis automotivos, alimentos, solventes, defensivos agrícolas, drogas, etc – como estratégia para introduzir conhecimentos sobre composição química de compostos orgânicos, características do átomo de carbono, organização e classificação de carbonos em cadeias carbônicas, classificação de cadeias carbônicas, reconhecimento de funções orgânicas, nomenclatura de compostos e isomeria. Utiliza-se, por exemplo, o tema combustíveis para estudar os alcanos (gás natural, gás de cozinha, gasolina) e o álcool (etanol); os plásticos para estudar os alcenos; os solventes ou os desinfetantes para estudar as cetonas e os compostos orgânicos aromáticos; os aditivos alimentares para estudar os ésteres e os ácidos carboxílicos.

Na segunda parte da proposta, a partir da centralidade que conferimos aos conhecimentos sobre reações químicas, apresentamos aplicações e efeitos dos processos e dos produtos que envolvem reações químicas de combustão, fermentação, oxidação, polimerização, hidrólise, esterificação e saponificação. Associamos às diferentes reações químicas a sua importância histórica e às propriedades físicas e químicas de compostos orgânicos, e tratamos de questões como energia e fontes energéticas, efeitos ambientais e implicações sociais dos processos que envolvem transformações químicas.

Por último, salientamos que este material didático apresenta-se como uma alternativa para o ensino de química orgânica no ensino médio, sendo as atividades e as abordagens apresentadas sugestões que podem ser adequadas ao planejamento de trabalho dos/as professores/as, uma vez que se apresentam como possibilidade de contextualização de conteúdos em uma perspectiva que busca aproximar conceitos científico-tecnológicos à vida social.

Parte I

CARACTERIZAÇÃO DE COMPOSTOS ORGÂNICOS

— capítulo — **1**

Cadeias carbônicas

INTRODUÇÃO

Durante muito tempo, a química orgânica foi considerada como a química dos produtos naturais de origem animal e vegetal, derivando daí seu nome. Podemos dizer que a definição mais frequente para a química orgânica é a que conceitua essa área como o ramo da química que trata dos compostos de carbono. Muitas vezes, devido à dificuldade de explicar substâncias como, por exemplo, os carbonatos e os óxidos de carbono como substâncias inorgânicas, alguns autores preferem tratá-la como a "química dos hidrocarbonetos e seus derivados".

Embora desde o século XVII alguns pesquisadores fizessem menção a uma distinção entre a química dos minerais e a dos produtos de origem biológica, foi apenas no século XIX, em 1808, que o termo química orgânica foi empregado por Berzelius, e somente em 1827 essa "classificação" foi divulgada através da publicação de seu tratado de química orgânica. Nessa época, associava-se a química orgânica e os compostos orgânicos aos produtos animais, como, por exemplo, o sangue, a urina, a saliva e a pele, e aos produtos vegetais, como os açúcares e as resinas, entendendo-se, assim, serem essas substâncias produzidas por uma força vital associada aos sistemas vivos, uma força que, fora desses sistemas, seria destruída. A Teoria da Força Vital caracterizava todos os compostos orgânicos como produzidos por organismos vivos.

Em 1828, Wöhler sintetizou ureia a partir de cianato de prata e cloreto de amônio, reconhecendo que o produto era idêntico ao obtido de procedência animal. Em 1811, John Davy havia efetuado a mesma síntese sem, no entanto, identificar o produto, e, por isso, a Teoria da Força Vital somente passou a ser desacreditada a partir de 1828. Convém ressaltar que essa teoria ainda perdurou por muito tempo (Berzelius, em 1847, ainda se referia a ela), sendo, inclusive, levantada a hipótese de que o cianato de amônio de Wöhler teria provindo da calcinação de ossos, evidenciando a força vital. Essas considerações não se mantiveram por muito tempo, pois, a partir de meados do século XIX, houve um aumento considerável do número de compostos de carbono obtidos por processos sintéticos.

Mas foi no século XX que a química orgânica teve seu maior desenvolvimento. Durante a I Guerra Mundial, muitos países ficaram privados do fornecimento de corantes, de drogas, de solventes e de muitos outros produtos químicos, por isso passaram a incentivar as indústrias químicas com a adoção de técnicas protecionistas que permitissem seu desenvolvimento. Assim, a química passou a ser desenvolvida em países como a Suíça, a Inglaterra e os Estados Unidos, entre outros.

Nessa época, a fonte principal de compostos orgânicos era o carvão, sendo a química dos compostos aromáticos a área mais desenvolvida. Com o uso dos motores à combustão, o petróleo começou a ganhar importância como fonte de energia, o que, associado ao gás natural e aos produtos de fermentação, possibilitou o desenvolvimento dos produtos e dos materiais de origem orgânica que hoje conhecemos.

ÁTOMO DE CARBONO

O átomo de carbono tem quatro elétrons na camada de valência. O compartilhamento desses elétrons justifica as ligações entre átomos de carbono, uns aos outros, formando cadeias carbônicas com números de carbonos bastante variados. Além do carbono, átomos de hidrogênio, oxigênio, nitrogênio e cloro, entre outros, combinam-se com o carbono, constituindo as substâncias orgânicas.

LIGAÇÕES QUÍMICAS E GEOMETRIA MOLECULAR

O carbono, em função do número de elétrons na camada de valência (quatro elétrons), pode realizar quatro ligações químicas. Represente as possibilidades de ligações do átomo de carbono.

C	C
C	C

Utilize massa de modelar (representando os carbonos) e palitos (representando as ligações) para apresentar as possibilidades de ligações do átomo de carbono. Considere que cada ligação (simples, dupla ou tripla) forma uma região de repulsão e que, nos modelos utilizados, essas regiões devem se encontrar com o maior afastamento possível umas das outras. Considere os ângulos entre as ligações e determine a geometria da molécula para os diferentes modelos de ligação.

Ligações de carbono	Geometria
C	
C	
C	
C	

— capítulo — **2**

Estudo de compostos orgânicos

NO COZIMENTO DOS ALIMENTOS

O gás de cozinha (gás liquefeito de petróleo) é um composto orgânico bastante utilizado como combustível. O GLP se constitui em uma mistura de HIDROCARBONETOS (compostos formados por carbono e hidrogênio).

À pressão atmosférica e à temperatura ambiente, o GLP – gás liquefeito de petróleo – é um produto gasoso, inflamável, inodoro e asfixiante, se aspirado em grandes concentrações. À temperatura ambiente, mas a pressões da ordem de 3 a 15 atmosferas, o GLP se apresenta na forma líquida, daí o nome: gás liquefeito de petróleo.

Como o GLP contém uma mistura de gases inodoros, utilizam-se substâncias como odorizadores de segurança: as mercaptanas. Essas substâncias são da família química dos sulfetos orgânicos (R-SH) e têm geralmente odor desagradável, mesmo em pequenas concentrações. Quanto ao estado físico, a metil mercaptana (CH_3SH) é gasosa, e os demais compostos são líquidos.

O GLP pode ser separado das frações mais leves de petróleo ou das mais pesadas de gás natural, sendo um gás com grande aplicabilidade como combustível (principalmente para cocção dos alimentos) devido à facilidade de armazenamento e de transporte em vasilhames.

O GLP é um derivado de petróleo composto por hidrocarbonetos que apresenta três ou quatro átomos de carbono ligados uns aos outros por ligações simples (**propano e butano**) e tem, também, uma pequena quantidade de propeno e buteno.

O governo brasileiro faz uma política social de apoio à população mais pobre, subsidiando o GLP para uso doméstico através de uma parcela embutida no preço de outros combustíveis, principalmente da gasolina. Devido a isso, o GLP tem uma penetração muito grande em todo o país, substituindo até mesmo parte da lenha para cocção de alimentos na zona rural. Por outro lado, preços baixos acarretam a utilização indevida desse combustível como, por exemplo, para aquecimento de saunas e piscinas ou como combustível para veículos e utilitários leves. Essas aplicações são ilegais e muitas vezes perigosas, devido às improvisações e à falta de regulamentação nos equipamentos que dele se utilizam.

Propano (C₃H₈) e Butano (C₄H₁₀): principais componentes do gás de cozinha

Propano

```
    H   H   H
    |   |   |
H — C — C — C — H          CH₃ — CH₂ — CH₃
    |   |   |
    H   H   H
```

Butano

```
    H   H   H   H
    |   |   |   |
H — C — C — C — C — H      CH₃ — CH₂ — CH₂ — CH₃
    |   |   |   |
    H   H   H   H
```

ATIVIDADES

1. Como são caracterizadas as cadeias carbônicas do propano e do butano em relação a:
   a) tipos de ligações entre carbonos (simples, duplas ou triplas)?
   b) elementos que compõem a cadeia?
   c) número de carbonos ligados uns aos outros?
   d) geometria dos átomos de carbono?
2. Utilize massa de modelar (representando os carbonos e os hidrogênios) e palitos (representando as ligações) para representar as moléculas de propano e de butano.

Na fabricação de plásticos

O **etileno** ou **eteno** (C₂H₄), *Hidrocarboneto* derivado do petróleo (mais especificamente da nafta, que, por sua vez, é um dos produtos da destilação do petróleo), é utilizado na indústria petroquímica como matéria-prima para a produção de polietileno, um dos polímeros mais utilizados no cotidiano da sociedade contemporânea.

Os plásticos são as substâncias sintéticas que transformaram o mundo durante o século XX. Essas substâncias têm um ponto em comum: são produzidas a partir de moléculas pequenas que, ligadas umas às outras, formam grandes cadeias. As pequenas moléculas individuais são denominadas monômeros (em grego, significam

(Continua)

(Continuação)

"uma parte"), sendo os polímeros (muitas partes), as cadeias e as redes formadas pelo conjunto de monômeros. Em alguns casos, dois ou mais tipos de monômeros diferentes estão encadeados, formando os copolímeros.

O gás eteno ou etileno é um hidrocarboneto que apresenta dois carbonos ligados por uma ligação dupla. Quando o eteno reage com outras substâncias (ou, em condições especiais, com ele mesmo) "quebra-se" a ligação dupla, possibilitando a formação de grandes cadeias carbônicas, pois outras moléculas podem "somar-se" à molécula de eteno, produzindo compostos diversos. O polietileno é formado a partir de moléculas de eteno que constituem uma longa cadeia contendo milhares de unidades – [$CH_2 - CH_2$] –.

Em uma amostra do polietileno mais comum (de baixa densidade), há moléculas de comprimentos diferentes; cada cadeia tem muitas cadeias laterais (algumas contendo mil átomos de carbono), formadas durante o processo de polimerização.

Para sintetizar o polietileno de alta densidade, as condições de reação são escolhidas de tal forma que as cadeias de átomos de carbono têm de 10 mil a 100 mil átomos de carbono. Com dimensões uniformes e menos cadeias laterais, o sólido torna-se mais denso, mais cristalino e mais rígido que o polietileno de baixa densidade.

O polietileno é um excelente isolante elétrico e responde pouco a campos elétricos (os materiais não oscilam quando expostos a campos elétricos, não absorvendo ou dissipando energia). O polietileno é matéria-prima para a indústria de plásticos (embalagens plásticas, utensílios domésticos, brinquedos, etc).

Outros polímeros são variações sobre a estrutura do polietileno, diferindo deste apenas por ter um ou mais átomos de hidrogênio do monômero, substituídos por outros átomos ou por grupos de átomos de carbono. O **propeno** ou **propileno** é obtido juntamente com o etileno, no craqueamento dos hidrocarbonetos, e pode ser polimerizado para formar longas moléculas de polipropileno. Esse polímero resulta em um sólido extremamente ordenado, duro e resistente à abrasão, além disso, possui ponto de ebulição muito elevado, permitindo que os objetos feitos com esse material possam ser esterilizados. O polipropileno pode ser usado na fabricação de fibras para carpetes, linhas de pesca, cordas, estofamentos, parachoques de automóvel, grama artificial, etc.

Eteno (C_2H_4) e Propeno (C_3H_6): matérias-primas para a produção de polímeros

Eteno ou etileno

$$\begin{array}{c} H \\ \\ H \end{array} \!\! \diagdown \!\! C = C \!\! \diagup \!\! \begin{array}{c} H \\ \\ H \end{array} \qquad\qquad CH_2 = CH_2 \qquad\qquad /\!\!/$$

Propeno ou propileno

$$CH_2=CH-CH_3$$

ATIVIDADES

1. Como são caracterizadas as cadeias carbônicas do eteno (etileno) e do propeno (propileno) em relação a:
    a) tipos de ligações entre carbonos (simples, duplas ou triplas)?
    b) elementos que compõem a cadeia?
    c) número de carbonos ligados uns aos outros?
    d) geometria dos átomos de carbono?
2. Utilize massa de modelar (representando os carbonos e os hidrogênios) e palitos (representando as ligações) para representar as moléculas de eteno e de propeno.
3. Indique duas semelhanças e duas diferenças nas estruturas do propano e do propeno.

Nos maçaricos de solda

O **acetileno** ou **etino** é um gás incolor e inodoro em seu estado puro, entretanto, em sua forma comercial possui um odor característico de alho. Como é um gás mais leve do que o ar atmosférico, em caso de vazamentos fica nas partes mais altas. Quanto à toxicidade, é considerado asfixiante e anestésico.

O acetileno é um *Hidrocarboneto* de fórmula química C_2H_2, produzido pela reação do carbeto de cálcio (CaC_2) com água em geradores especiais. Além do acetileno, essa reação produz hidróxido de cálcio.

O acetileno é um gás altamente inflamável, ou seja, em pequenas concentrações em mistura com o ar, apresenta riscos de explosão. Devido a essa propriedade o acetileno, quando combinado com oxigênio, é utilizado para fazer solda e cortes em chapas de aço. O processo consiste em fundir o(s) metal(is) com a utilização de uma chama proveniente da queima de uma mistura de gases. Esses gases passam por um dispositivo (maçarico) cuja função é dosá-los na proporção adequada para a combustão e levá-los até a extremidade onde ocorre a chama. O maçarico deve possibilitar que se produzam diferentes tipos de misturas necessárias para se obter os diferentes tipos de chama, para a soldagem dos diferentes materiais.

(Continua)

> (Continuação)
>
> O acetileno, se armazenado puro (em um cilindro vazio) a pressões superiores à atmosférica, pode se decompor em seus elementos, ocorrendo uma separação do hidrogênio e do carbono. Essa separação gera calor e manifesta-se em forma de explosão, sendo que, quanto maior a pressão, menor a energia necessária para seu desencadeamento. Então, para um acondicionamento seguro do acetileno, evitando-se riscos de explosões, os cilindros de estocagem de acetileno contêm um material poroso saturado com um solvente como, por exemplo, a acetona.

Etino ou acetileno (C_2H_2): combustível usado nos maçaricos de solda

Etino ou acetileno

$H-C\equiv C-H$ $\qquad$ $HC\equiv CH$

ATIVIDADES

1. Como são caracterizadas as cadeias carbônicas do etino em relação a:
    a) tipos de ligações entre carbonos (simples, duplas ou triplas)?
    b) elementos que compõem a cadeia?
    c) número de carbonos ligados uns aos outros?
    d) geometria dos átomos de carbono?
2. Utilize massa de modelar (representando os carbonos e os hidrogênios) e palitos (representando as ligações) para representar a molécula de etino.
3. Indique duas semelhanças e duas diferenças nas estruturas do propano, do eteno e do etino e compare a geometria molecular dos carbonos que constituem essas substâncias.
4. Cadeias carbônicas *saturadas* são aquelas que apresentam ligações simples entre átomos de carbono, e *insaturadas* aquelas que apresentam ligações duplas ou triplas entre átomos de carbono. Represente a estrutura e classifique, em saturadas ou insaturadas, as cadeias carbônicas das seguintes substâncias:
    a) propano
    b) butano
    c) eteno
    d) propeno
    e) etino
5. Escreva a equação química que representa a reação de formação do acetileno a partir do carbeto de cálcio e água.

No tanque de combustível

Gasolina

A gasolina é um combustível constituído basicamente por HIDROCARBONETOS e, em menor quantidade, por produtos oxigenados. Esses hidrocarbonetos são, em geral, mais "leves" do que aqueles que compõem o óleo diesel, pois são formados por moléculas de menor cadeia carbônica (normalmente 4 a 12 átomos de carbono). Além de hidrocarbonetos e de alguns oxigenados, a gasolina contém compostos de enxofre, compostos de nitrogênio e compostos metálicos, todos estes em baixas concentrações. A faixa de destilação da gasolina automotiva varia de 30 a 220°C.

A gasolina básica (sem aditivos) possui composição química complexa e variável, pois sua formulação demanda do processamento do petróleo, que, dependendo da origem, tem características diferentes.

A octanagem, ou o índice de octanos na gasolina, expressa sua qualidade. Quando se diz que uma gasolina tem, por exemplo, octanagem 80, significa que a mistura dessa gasolina com o ar no motor de explosão resiste à mesma compressão sem detonação que uma mistura de 80% de **isooctano** com 20% de **heptano**, mas é importante ressaltar que o índice de octanagem não indica a composição da gasolina, é apenas um parâmetro de comportamento em relação à combustão no motor. Quanto maior o índice de octanos, melhor a qualidade da gasolina, pois resiste a maiores compressões sem detonação prematura (quando o combustível explode antes da faísca da vela ocorre um barulho conhecido como batida de pino).

No Brasil, a gasolina comum possui índice de octanagem ao redor de 85, isso significa que a nossa gasolina comporta-se, no motor, da mesma forma que uma mistura de 85% de isooctano e 15% de heptano.

Os antidetonantes são substâncias adicionadas à gasolina para elevar sua octanagem, isto é, aumentar sua resistência à compressão. Até a década de 1980, adicionava-se à gasolina chumbo tetraetila, mas este deixou de ser utilizado por ser muito poluente, então, passou a ser utilizado o etanol e, no sul do país, por alguns anos, o MTBE (metil-*terc*-butil-éter). Atualmente, no Brasil, usa-se como aditivo antidetonante o etanol.

Além do antidetonante, outras substâncias são adicionadas à gasolina. A gasolina aditivada, por exemplo, é a que contém um agente detergente/dispersante cuja função é manter limpo (isento de depósitos de sujeira) o sistema de combustível dos veículos.

2,2,4-Trimetil pentano ou isooctano (C_8H_{18}) e Heptano (C_7H_{16}): componentes da gasolina

2,2,4-Trimetil pentano ou isooctano

```
    H   CH₃ H   H   H                    CH₃
    |   |   |   |   |                    |
H — C — C — C — C — C — H      CH₃ — C — CH₂ — CH — CH₃
    |   |   |   |   |                    |         |
    H   CH₃ H   CH₃ H                    CH₃       CH₃
```

Heptano

```
    H H H H H H H
    | | | | | | |
H — C-C-C-C-C-C-C — H      CH₃—CH₂—CH₂—CH₂—CH₂—CH₂—CH₃
    | | | | | | |
    H H H H H H H
```

ATIVIDADES

1. Como é caracterizada a cadeia carbônica do isooctano em relação a:
   a) tipos de ligações entre carbonos (simples, duplas ou triplas)?
   b) elementos que compõem a cadeia?
   c) número de carbonos ligados uns aos outros?
   d) geometria dos átomos de carbono?
2. Aponte a diferença da estrutura do isooctano em relação ao heptano, considerando o número de carbonos ligados uns aos outros e o aspecto da cadeia carbônica.
3. Pode-se dizer que cadeias carbônicas *normal* ou *normais* são aquelas que apresentam apenas carbonos primários (ligados a somente um átomo de carbono) e/ou carbonos secundários (ligados a dois átomos de carbono); já as cadeias ramificadas são as que possuem carbonos terciários (ligados a três átomos de carbono) e/ou carbonos quaternários (ligados a quatro átomos de carbono). Represente as estruturas e classifique as cadeias carbônicas das substâncias abaixo em retas ou ramificadas.
   a) butano
   b) propeno
   c) isooctano
   d) heptano

4. Sabendo que o grupamento etil pode ser representado por (CH_3–CH_2–), represente a estrutura do chumbo tetraetila.
5. O MTBE (metil-*terc*-butil-éter), $C_5H_{12}O$, pode ser representado pela fórmula:

$$CH_3 - \underset{\underset{CH_3}{|}}{\overset{\overset{CH_3}{|}}{C}} - O - CH_3$$

Compare-o com as substâncias apresentadas anteriormente (propano, butano, eteno, propeno, isooctano e heptano) e aponte semelhanças e diferenças nas estruturas (cadeia carbônica, composição química).

Álcool

A crise suscitada pelo aumento dos preços do petróleo no mercado internacional na década de 1970 (crise energética), levou o governo brasileiro a buscar o ÁLCOOL como substituto da gasolina e, em novembro de 1975, foi criado o Proálcool – Programa Nacional do Álcool. Desde a década de 1980 o álcool é considerado um combustível viável e está presente nas discussões e decisões que tratam da questão energética no país.

O **álcool etílico** ou **etanol** é um líquido incolor, inflamável, de odor característico, que possui PF igual a -114,1°C, PE igual a 78,5°C e densidade igual a 0,789 g/mL a 20°C. O álcool hidratado é vendido nos postos como combustível em automóveis, esse álcool tem em torno de 93°GL (Graus Gay-Lussac): 93% de etanol e 7% de água em volume. O álcool anidro é usado como combustível adicionado à gasolina e na produção de perfumes, licores, etc.

Etanol (C_2H_6O): álcool utilizado como combustível

Etanol

$$H - \underset{\underset{H}{|}}{\overset{\overset{H}{|}}{C}} - \underset{\underset{H}{|}}{\overset{\overset{H}{|}}{C}} - OH \qquad CH_3 - CH_2 - OH$$

ATIVIDADES

1. Como é caracterizada a cadeia carbônica do etanol em relação a:
   a) tipos de ligações entre carbonos (simples, duplas ou triplas)?
   b) elementos que compõem a cadeia?
   c) número de carbonos ligados uns aos outros?
   d) geometria dos átomos de carbono?
2. Aponte duas diferenças da estrutura do etanol em relação às substâncias anteriormente representadas nesse trabalho (propano, eteno, 2,2,4 trimetil pentano, MTBE). Existe semelhança com algum desses compostos? Quais?
3. Classifica-se como *heterogênea* a cadeia carbônica que apresenta, entre átomos de carbono, elementos diferentes do carbono, e *homogênea* aquela que possui somente átomos de carbono ligados uns aos outros.
   Represente e classifique as cadeias carbônicas das substâncias abaixo em homogêneas ou heterogêneas.
   a) butano
   b) propeno
   c) etanol
   d) metil-terc-butil-éter (MTBE)
4. Que elementos são comuns ao etano, ao eteno e ao etanol? Qual o número de carbonos nessas substâncias? Que relação pode-se estabelecer entre o número de carbonos e a nomenclatura dos compostos?
5. O oxigênio (grupo oxidrila ou hidroxila – ⁻OH) aparece ligado a um átomo de carbono no etanol. O etanol possui cadeia ramificada ou reta? Justifique.
6. Classifique a cadeia carbônica do etanol em saturada/insaturada, homogênea/heterogênea, normal/ramificada.
7. O etanol é um combustível automotivo, cuja produção está vinculada a um projeto nacional de obtenção de energia. Faça uma pesquisa sobre as vantagens e desvantagens do uso do álcool em relação ao uso de gasolina como combustível automotivo.

Gás natural

O gás natural é uma mistura extremamente leve de gases, com aproximadamente 90% de **metano**, sendo os 10% restantes, compostos por etano, propano e outros HIDROCARBONETOS de maior massa molecular (maior número de carbonos na cadeia). O gás natural, quando dissolvido no petróleo ou sob a forma de uma capa de gás junto ao óleo, é chamado de gás associado (poços de petróleo da

(Continua)

(Continuação)

Bacia de Campos), já o gás natural não associado é encontrado em jazidas próprias (poços do campo de Juruá/AM).

O GNV (gás natural veicular, como está sendo denominado o gás natural) é utilizado nos veículos como combustível, não contém aditivos e é considerado um combustível "limpo" por apresentar baixos teores de contaminantes e poucos resíduos em sua queima, além disso, não é corrosivo e nem produz depósitos de carbono nas câmaras de combustão. Outra vantagem do uso do gás natural em relação aos outros combustíveis é que a mistura ar-combustível se dá em qualquer temperatura e a sua combustão é mantida por mais tempo.

O gás natural é mais leve que o ar e se dissipa rapidamente subindo para as camadas mais altas da atmosfera. Em ambientes fechados, orifícios superiores garantem sua dissipação, evitando asfixia.

A desvantagem se refere ao armazenamento do gás no automóvel. Como o gás é acondicionado em cilindro de aço, no qual o gás é comprimido sob uma pressão de 21,7 atm, o espaço do porta-malas fica muito reduzido. O uso do gás natural requer cuidados, já que ele é inodoro, incolor, inflamável e asfixiante quando aspirado em altas concentrações. Assim, para facilitar a identificação de vazamentos são adicionadas substâncias que dão cheiro (as mercaptanas, também adicionadas ao GLP), sem, no entanto, lhe atribuir características corrosivas.

Metano (CH_4): principal componente do gás natural

Metano (CH_4)

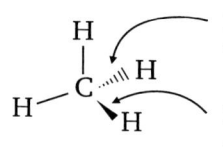

Esta ligação tracejada indica que ela está para trás do plano da página

Esta ligação preenchida indica que ela está para frente do plano da página

ATIVIDADES

1. O metano é o hidrocarboneto mais simples, com um átomo de carbono e quatro átomos de hidrogênio. Qual a geometria do átomo de carbono no metano?
2. O metano, principal componente do gás natural, também pode ser produzido pela decomposição da matéria orgânica (nos lixões, a formação de metano é constante). Que implicações econômicas, políticas e sociais pode-se vislumbrar em um processo como este?
3. Classifique a cadeia carbônica do metano.

Em solventes

Não oxigenados

Os solventes apolares são frequentemente denominados de solventes orgânicos. Entre os solventes podemos citar um HIDROCARBONETO, cíclico e saturado como o **ciclo-hexano**, que é utilizado como solvente de resinas e tintas, na extração de óleos vegetais, na fabricação de náilon.

Uma outra categoria de solventes orgânicos são os solventes *aromáticos*. O nome *aromático* foi introduzido no século XIX com a finalidade de designar uma série de substâncias de odor agradável encontradas na natureza. Com o desenvolvimento da química orgânica e com o aumento considerável do número de compostos, observou-se que muitos representantes desse grupo eram desprovidos de odor agradável, apresentando, na maioria das vezes, odor desagradável. No entanto, o nome *aromático* foi conservado até hoje.

O principal representante dos HIDROCARBONETOS aromáticos é o **benzeno**, sendo que a nomenclatura dos aromáticos é originada do benzeno. O benzeno é um líquido amarelo, tóxico e inflamável, obtido no alcatrão da hulha (carvão mineral resultante da fossilização da madeira). Atualmente, o benzeno não é mais utilizado como solvente orgânico, por ser uma substância extremamente tóxica, mesmo em baixas concentrações e em curtos períodos de exposição. A exposição repetida ao benzeno pode causar o aparecimento de leucemia e outras alterações sanguíneas, a inalação desse composto causa náuseas, podendo provocar parada respiratória e cardíaca.

Um outro exemplo de hidrocarboneto aromático é o **tolueno**, um líquido incolor, não corrosivo, altamente volátil e com um odor muito forte, semelhante ao benzeno. Quando misturado com oxidantes ou ácidos fortes, o tolueno pode explodir, tal como seu derivado, o TNT (trinitro tolueno).

O tolueno é produzido, em sua maior parte, a partir do petróleo ou em processos petroquímicos. A combustão, presente nos processos de queima de madeiras e de lixo, é também responsável pela liberação de alguma quantidade dessa substância.

O tolueno pode ser utilizado como aditivo da gasolina e de óleos lubrificantes, como substituinte de aerossóis e como solvente para colas, tintas, resinas e adesivos. É usado, ainda, na fabricação de detergentes e produtos de limpeza, herbicidas e fungicidas fumegantes, lacas, vernizes e perfumes e em produtos farmacêuticos.

Devido à produção do tolueno se dar em larga escala pelas refinarias, e também pelo fato de ser usado como substituto do benzeno (produto de maior toxicidade), atualmente, verifica-se uma procura contínua de novas aplicações para o tolueno.

Ciclo-hexano (C_6H_{12}), Benzeno (C_6H_6) e Metil-benzeno ou tolueno (C_7H_8): solventes aromáticos

Ciclo-hexano

Benzeno

Metil-benzeno ou tolueno

ATIVIDADES

1. Como é caracterizada a cadeia carbônica do metil-benzeno:
   a) aberta ou fechada?
   b) quanto aos elementos que compõem a cadeia?
   c) quanto ao número de carbonos ligados uns aos outros?
   d) quanto à geometria dos átomos de carbono?
2. Compare a fórmula do metil-benzeno ou tolueno com as fórmulas dos demais hidrocarbonetos estudados. Cite duas diferenças.
3. O benzeno e o tolueno pertencem ao grupo dos hidrocarbonetos aromáticos. Faça uma pesquisa sobre esse grupo de compostos, apontando os principais representantes e explicando as possíveis estruturas utilizadas para representar o benzeno.
4. Classifique as cadeias carbônicas do benzeno e do tolueno de acordo com os critérios que você já utiliza para classificar cadeias carbônicas e lembrando que agora temos mais um critério para a classificação: cadeias abertas (alifáticas ou acíclicas), cadeias fechadas (cíclicas) e cadeias mistas (quando houver cadeias abertas e fechadas na mesma estrutura).
5. O benzopireno é um composto cancerígeno liberado na combustão da hulha e do tabaco, sendo encontrado no alcatrão da fumaça do cigarro. Acredita-se que esta substância pode relacionar o hábito de fumar com o câncer de pulmão, de laringe e de boca.

Benzopireno

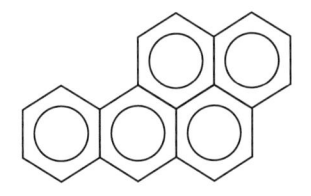

Procure pesquisar sobre outras substâncias encontradas na fumaça do cigarro. Escreva suas fórmulas, procure classificá-las de acordo com a função química e aponte suas principais características.

Oxigenados

A **acetona, propanona ou dimetilcetona**, pertencente ao grupo das CETONAS, é um líquido incolor, volátil à temperatura ambiente, apresenta um odor agradável e é solúvel tanto em água como em solventes orgânicos, por isso é bastante utilizada

(Continua)

(Continuação)

como solventes de tintas, vernizes, esmaltes, lacas, resinas, acetileno, etc. Além disso, é usada como matéria-prima para o preparo de várias substâncias orgânicas, como na fabricação de tintas e vernizes. Na indústria de alimentos, sua aplicação mais importante é na extração de óleos e gorduras de sementes.

A acetona forma-se, juntamente com outros produtos, na destilação seca da madeira. Em nosso organismo, pode-se formar pela metabolização de gorduras, e no caso de indivíduos com doenças como o *diabetes mellitus*, a concentração de acetona é superior ao nível normal (o normal é uma concentração menor que 1 mg/100 mL de sangue). Industrialmente ou em laboratório, pode-se sintetizar acetona a partir do acetileno (C_2H_2).

Propanona ou acetona (C_3H_6O): cetona utilizada para tirar esmalte da unha

Propanona ou acetona

$$H-\underset{\underset{H}{|}}{\overset{\overset{H}{|}}{C}}-\underset{\underset{O}{\|}}{C}-\underset{\underset{H}{|}}{\overset{\overset{H}{|}}{C}}-H \qquad CH_3-\underset{\underset{O}{\|}}{C}-CH_3$$

ATIVIDADES

1. Como é caracterizada a cadeia carbônica da acetona em relação a:
   a) tipos de ligações entre carbonos (simples, duplas ou triplas)?
   b) elementos que compõem a cadeia?
   c) número de carbonos ligados uns aos outros?
   d) geometria dos átomos de carbono?
2. Compare a fórmula da acetona com as substâncias cuja composição química se resume a carbono e hidrogênio (butano, propeno, isooctano, etc.). Aponte semelhanças e diferenças.
3. Compare a fórmula da acetona com as substâncias que tenham, além de carbono e hidrogênio, oxigênio (etanol e MTBE). Aponte semelhanças e diferenças.
4. Que elementos são comuns ao propano, ao propeno e à propanona? Quanto ao número de carbonos, qual a relação com a nomenclatura dos compostos?
5. O oxigênio que aparece ligado ao carbono na acetona recebe a denominação de carbonila (C = 0). Represente as fórmulas das outras substân-

cias oxigenadas que estudamos (etanol e MTBE) e verifique a existência ou não do grupo carbonila.

6) Classifique a cadeia carbônica da acetona em aberta/fechada, saturada/insaturada, homogênea/heterogênea, normal/ramificada.

Em solução para conservar tecidos e órgãos animais

O **formaldeído, aldeído fórmico** ou **metanal**, obtido pela primeira vez em 1859, é um gás incolor (PE = 21°C) de cheiro forte e desagradável. A molécula de metanal (HCHO) pode ser obtida a partir da molécula de metanol (CH_3OH) pela remoção de dois átomos de hidrogênio, sendo essa a origem do nome ALDEÍDO (álcool desidrogenado). Também pode ser obtido a partir da oxidação do metanol.

Em água, a cerca de 40%, o metanal forma uma solução conhecida por formol ou formalina. Essa solução é usada como desinfetante e na conservação dos tecidos animais e cadáveres humanos para estudos de anatomia, pois o formol desnatura as proteínas, tornando-as resistentes à decomposição por bactérias. O formol retém sua capacidade esterilizante mesmo quando diluído a 10% e é usado para matar esporos de antrax durante o tratamento da lã e do couro.

A ação preservativa e esterilizadora do formaldeído pode, portanto, ser estendida à formação de resinas a partir de matérias-primas vivas. Atualmente, o formaldeído ou metanal é usado em escala industrial como matéria-prima para a fabricação de materiais sintéticos, como a fórmica e outras resinas.

Metanal ou formaldeído (CH_2O): usado como desinfetante e na conservação dos tecidos animais e de cadáveres humanos

Metanal ou formaldeído

$$H-C\begin{smallmatrix}\nearrow O\\ \searrow H\end{smallmatrix} \qquad H-CHO$$

ATIVIDADES

1. Como é caracterizada a cadeia carbônica do metanal em relação a:
   a) elementos que compõem a cadeia?
   b) geometria do átomo de carbono?
2. Como você classifica a "cadeia carbônica" do metanal (aberta/fechada, saturada/insaturada, homogênea/heterogênea, normal/ramificada)?

TABELA 2.1

Substância	Fórmula molecular	Fórmula estrutural	Cadeia carbônica	Composição química	Grupo funcional	Função	Nº de carbonos	Nomenclatura prefixo-afixo-sufixo
Butano	C_4H_8	$CH_3-CH_2-CH_2-CH_3$	aberta, saturada, homogênea, normal.	C e H	–	Hidrocarboneto	4	But – an – o
Propano								
Eteno ou etileno								
Propeno ou propileno								
Etino ou acetileno								
Heptano								
2,2,4-Trimetil-pentano / isooctano								
Etanol								
Metano								
Propanona ou acetona								
Metanal ou formaldeído								
Ciclo-hexano								
Benzeno								
Metil-Benzeno ou Tolueno								

3. Compare a fórmula estrutural do metanal com a fórmula da acetona. Existe alguma semelhança? Qual?
4. Represente as fórmulas (molecular e estrutural) de um aldeído com três átomos de carbono.
5. Compare as fórmulas (estrutural e molecular) do aldeído que você representou com a fórmula da acetona.
   Qual(is) a(s) semelhança(s) e qual(is) a(s) diferença(s) que podem ser observadas? Como poderia ser o nome da substância que você representou, considerando o número de carbonos e considerando a função a que pertence (aldeído: terminação *al*)?
6. Compare a estrutura do metanal com a do metano. Em que aspectos são semelhantes? Em que aspectos são diferentes?
7. Ao longo dos textos, foram representadas e nomeadas diversas substâncias. Você observou e registrou semelhanças e diferenças em suas estruturas e nomes. No quadro que segue estão relacionadas algumas substâncias destacadas nos textos e você deve preencher as colunas de acordo com o modelo.
8. A partir das anotações feitas no quadro da questão 7, registrar regularidades observadas quanto aos seguintes aspectos:
   a) número de carbonos e nomenclatura (prefixo);
   b) tipo de ligação entre carbonos (simples, dupla e tripla) na cadeia carbônica e nomenclatura (afixo);
   c) função química/grupo funcional e nomenclatura (sufixo).

Em anestésico

O nome ÉTER se origina do fato do representante mais conhecido do grupo, o éter etílico, possuir grande volatilidade. A substância que comumente é conhecida pelo nome de éter, além do nome oficial **etoxietano**, recebe também a denominação de **éter etílico, éter dietílico, éter sulfúrico** ou simplesmente **éter**.

No século XVI, Valerius Cordus obteve o éter etílico ao reagir álcool etílico com ácido sulfúrico (daí o nome éter sulfúrico), mas essa descoberta foi relegada durante muito tempo, sendo que somente em 1730 houve novamente a obtenção do éter etílico e o relato de suas propriedades. O éter etílico é um líquido incolor, inflamável e muito volátil (PE = 34,6°C). Seus vapores são mais densos do que o ar e se acumulam na superfície, formando uma mistura explosiva com o oxigênio.

Durante muito tempo ele foi utilizado como anestésico. No século XIX, o éter era o anestésico mais usado em cirurgias, pois relaxa os músculos com pequena alteração da pressão arterial, da pulsação e da respiração. Atualmente, o éter não é mais utilizado como anestésico, pois causa irritação no trato respiratório e pode provocar incêndios nas salas de cirurgia.

(Continua)

(Continuação)

O éter etílico pode ser usado como solvente na indústria, nos laboratórios e no uso doméstico. A substância associa às qualidades de solvente, à elevada volatilidade, sendo, por isso, utilizado na extração de produtos naturais das plantas.

Assim como a acetona, o éter tem sua comercialização controlada pela Polícia Federal, por ser considerado um bom solvente para extrair a cocaína das folhas de coca. Além disso, o éter, combinado com álcool e clorofórmio, pode ser utilizado como substância psicoativa nos lança-perfumes.

Etoxietano ou éter etílico ($C_4H_{10}O$): principal anestésico do século XIX

Etoxietano ou éter etílico

$$H-\underset{\underset{H}{|}}{\overset{\overset{H}{|}}{C}}-\underset{\underset{H}{|}}{\overset{\overset{H}{|}}{C}}-O-\underset{\underset{H}{|}}{\overset{\overset{H}{|}}{C}}-\underset{\underset{H}{|}}{\overset{\overset{H}{|}}{C}}-H \qquad CH_3-CH_2-O-CH_2-CH_3$$

ATIVIDADES

1. Como é caracterizada a cadeia carbônica do éter etílico em relação a:
    a) tipos de ligações entre carbonos (simples, duplas ou triplas)?
    b) elementos que compõem a cadeia?
    c) número de carbonos ligados uns aos outros?
    d) geometria dos átomos de carbono?
2. Compare a fórmula do éter etílico com outras substâncias oxigenadas (acetona, álcool, formaldeído). Aponte semelhanças e diferenças com relação à composição química, à cadeia carbônica, aos grupos funcionais (grupamento de elementos que caracterizam determinada função orgânica) e à nomenclatura (associe-a ao número de carbonos e ao grupo funcional).
3. Compare a fórmula do etóxietano com a fórmula do MTBE (substância que, em um passado recente, era utilizada como aditivo na gasolina). Quais as regularidades que podem ser observadas em função da nomenclatura ou da disposição dos elementos na cadeia carbônica?
4. Analise e comente a seguinte afirmação: *a função éter se diferencia das demais funções orgânicas pela presença de oxigênio na molécula*.
5. Classifique a cadeia carbônica do éter etílico em aberta/fechada, saturada/insaturada, homogênea/heterogênea, normal/ramificada.

6. A seguir estão representadas duas substâncias que conferem aroma e gosto a dois produtos comumente utilizados na preparação de alimentos.

Baunilha   Canela

Que grupos funcionais você reconhece? Aponte cada um deles.
Existe algum grupamento que você não reconhece? Qual?

Em antissépticos e desinfetantes

> Os **FENÓIS** são substâncias que, em sua maioria, apresentam propriedades antibacterianas e fungicidas, e por isso, alguns representantes dos fenóis são usados como antissépticos e desinfetantes. O **hidróxibenzeno** ou **fenol** é o principal representante dos fenóis.
>
> O fenol é componente natural da urina, sendo eliminado do organismo na forma de $C_6H_5OSO_3Na$, juntamente com outras substâncias tóxicas que apresentam anel aromático.
>
> A solução aquosa de fenol ou ácido fênico foi o primeiro antisséptico comercializado. Seu uso foi introduzido em hospitais por volta de 1870, diminuindo consideravelmente o número de mortes causadas por infecção pós-operatória. Atualmente, o fenol não é mais utilizado com essa finalidade, pois é corrosivo e pode causar ferimentos quando em contato com a pele.
>
> O fenol, comercializado em farmácias com o nome de ácido fênico, é uma solução aquosa que contém fenol a 10% em massa, sendo bastante utilizado como fungicida. O fenol pode ser usado como matéria-prima na fabricação de desinfetantes, antissépticos e medicamentos contra queimaduras e, também, na fabricação de plásticos (baquelite), espumas (poliuretano) e explosivos.
>
> O **cresol** ou **hidróxi-metil-benzeno** é outro exemplo de substância pertencente ao grupo dos fenóis bastante comercializada. As soluções de cresóis (ortocresol, metacresol e paracresol) compõem a creolina, um dos desinfetantes mais usados em indústrias e em recintos fechados destinados à criação de animais de corte. A creolina é empregada, ainda, como desinfetante em sanitários, sendo constituída essencialmente de uma emulsão aquosa de cresóis, obtidos de uma das frações do alcatrão de hulha.
>
> O fenol, os cresóis e, ainda, outras substâncias de natureza fenólica são encontradas no alcatrão de hulha e também no alcatrão de madeira.

Hidróxibenzeno ou fenol (C₆H₆O) e 1-hidróxi-2-metil-benzeno ou ortocresol (C₇H₈O): uso em desinfetantes e antissépticos

Hidroxibenzeno ou fenol

1-hidroxi-2-metil-benzeno ou ortocresol

ATIVIDADES

1. Como é caracterizada a cadeia carbônica do metil-hidróxibenzeno:
   a) aberta ou fechada?
   b) quanto aos elementos que compõem a cadeia?
   c) quanto ao número de carbonos ligados uns aos outros?
   d) quanto à geometria dos átomos de carbono?
2. Compare a estrutura do cresol com a do tolueno. Aponte as semelhanças e as diferenças.
3. O cresol é um hidrocarboneto aromático como o benzeno e o tolueno? Justifique.
4. Classifique as cadeias carbônicas do fenol e do cresol.
5. Os prefixos *orto*, *meta* e *para* indicam a disposição dos ligantes na cadeia aromática. O prefixo *orto* indica que os ligantes estão dispostos nos carbonos 1 e 2, na posição *meta* os ligantes estão nos carbonos 1 e 3 e na posição *para* os ligantes encontram-se nos carbonos 1 e 4. Com essas

informações, represente as estruturas do orto, meta e paraxileno (dimetil benzeno é o nome oficial do xileno).
6. O THC (tetra-hidrocanabinol) é o principal componente ativo da maconha. Uma das características do THC é que, diferentemente do álcool, ele permanece no sangue por mais tempo (aproximadamente uma semana), por esse motivo, o consumo de maconha em intervalos menores de oito dias leva a um aumento na concentração de THC no sangue. Isso explica por que uma mesma quantidade de maconha provoca efeitos mais intensos em usuários frequentes do que em usuários eventuais.

Tetra-hidrocanabinol

Na fórmula do THC aparecem dois grupos funcionais que já foram estudados. Indique esses grupos.

Na conservação de alimentos

O **ácido acético** ou **ácido etanoico** ($C_2H_4O_2$) é um líquido incolor com odor acentuado que apresenta PF igual a 16,6°C (nesta temperatura forma cristais com aspecto de gelo, daí a denominação de ácido acético glacial) e PE igual a 118°C. Essa substância é o componente ácido do vinagre (do francês vinagre = vinho azedo), sendo responsável pelo seu cheiro e gosto característico. O vinagre, usado como tempero na alimentação, é uma solução aquosa que contém entre 4 e 6% em volume de ácido acético. O ácido acético é usado, também, como matéria-prima para a produção de perfumes, corantes e polímeros.

O ácido acético (*acetum*, azedo) é um líquido incolor à temperatura ambiente, com cheiro irritante e sabor azedo. Foi isolado, pela primeira vez, pela oxidação do etanol (C_2H_6O) a partir do vinho azedo. A formação do vinagre de vinho pode ser explicada da seguinte maneira: na exposição do vinho ao ar, o etanol é oxidado aerobicamente pela bactéria *Acetobacter aceti*, "azedando" o vinho e dando o gosto característico do vinagre.

O ácido acético é o principal representante de um grupo de compostos orgânicos denominados ácidos carboxílicos. Mas, além do ácido acético, existem outras

(Continua)

(Continuação)

substâncias com aplicações importantes como, por exemplo, as usadas como antissépticos (ácido benzoico) e como analgésicos/antipiréticos (ácido salicílico). Ácidos carboxílicos cujas cadeias carbônicas têm 10 ou mais átomos de carbono são denominados ácidos graxos (eles são insolúveis em água, sendo alguns semelhantes a graxas, daí o nome ácido graxo), podendo ser saturados (ácido palmítico: $C_{15}H_{31}$-COOH e ácido esteárico: $C_{17}H_{35}$-COOH) ou insaturados (ácido oleico: $C_{17}H_{33}$-COOH).

Os ÁCIDOS CARBOXÍLICOS, produzidos pelas glândulas e liberados na pele dos seres humanos, conferem um "cheiro" característico, que varia de pessoa para pessoa. Assim, diferentes indivíduos podem ser reconhecidos por animais de faro desenvolvido, o que justifica a facilidade com que os cães reconhecem seus donos pelo cheiro. Os ácidos carboxílicos são também responsáveis pelo cheiro do suor humano e de outros animais.

Ácido etanoico ou ácido acético ($C_2H_4O_2$): principal componente do vinagre

Ácido etanoico ou ácido acético

$$CH_3-C\underset{OH}{\overset{O}{\diagup\!\!\!\diagdown}} \qquad CH_3-COOH$$

ATIVIDADES

1. Classifique a cadeia carbônica do ácido acético.
2. Determine a geometria dos átomos de carbono do ácido acético.
3. Compare as fórmulas do etanol (álcool etílico), propanona (acetona), etoxietano (éter etílico), metanal (formaldeído) e ácido etanoico (ácido acético). Veja diferenças e semelhanças com relação à
   a) composição química
   b) saturação/insaturação da cadeia
   c) cadeia ser homogênea ou heterogênea
   d) nomenclatura em função do número de carbonos
4. Os ácidos carboxílicos, como o próprio nome indica, possuem caráter ácido. Represente a equação de ionização do ácido acético.
5. O grupamento que caracteriza os ácidos carboxílicos é $-C\underset{OH}{\overset{O}{\diagup\!\!\!\diagdown}}$ (grupo carbonila). Represente a fórmula do ácido propanoico (três carbonos) e do ácido butanoico (quatro carbonos).

6. O ácido metanoico é um líquido incolor de cheiro irritante e bastante corrosivo, também conhecido como ácido fórmico. Historicamente, pode ser obtido a partir da maceração de formigas e da posterior destilação. Algumas formigas contêm grandes quantidades desse ácido, que produz reação alérgica no tecido humano, implicando em formação de edema e em coceira intensa. O ácido fórmico tem aplicação como fixador de pigmentos e como corantes em diversos tecidos.

Da mesma forma que o ácido acético (ácido etanoico) pode ser obtido pela oxidação do etanol (álcool etílico), pode-se pensar que o ácido fórmico (ácido metanoico) possa ser obtido pela oxidação de um álcool.
a) Represente a fórmula e dê o nome desse álcool.
b) Represente a fórmula estrutural e molecular do ácido fórmico.

7. O odor desagradável de bodes e cabras se deve à presença dos ácidos caproico, caprílico e cáprico. Esses ácidos carboxílicos recebem nomes oficiais, respectivamente, de ácido hexanoico, ácido octanoico e ácido decanoico. Represente as fórmulas moleculares e estruturais desses ácidos.

Em aditivos alimentares

Os flavorizantes são aditivos alimentares que conferem cheiro e sabor característicos aos alimentos. A palavra inglesa *flavor* representa a sensação da mistura entre aroma e sabor que sentimos quando ingerimos alguns alimentos. Quando ficamos resfriados, as fossas nasais ficam congestionadas e não conseguimos sentir o aroma, sentimos apenas os sabores básicos, doce, salgado, azedo e amargo, o que nos dá a impressão de estar faltando uma "parte" do gosto.

Muitos produtos contêm no rótulo a informação da presença de flavorizantes (substâncias que conferem o *flavor* característico), podendo ser naturais ou artificiais. Entre os flavorizantes encontramos um grupo de compostos orgânicos denominados ÉSTERES.

Aromas de flores e frutas podem ser imitados com baixo custo, utilizando-se alguns desses ésteres, pois, quando a substância responsável pelo aroma de uma fruta ou de uma flor é identificada, os químicos tentam reproduzi-la em laboratório. Se eles têm sucesso, surge mais um aroma artificial ou sintético, que é apenas um dos aditivos que constituem os alimentos, os produtos da indústria farmacêutica ou os cosméticos.

As substâncias apresentados a seguir são exemplos de ésteres:

Etanoato de metila (essência de rum e groselha)
Etanoato de etila (flavorizante de maçã e pêra)
Butanoato de etila e hexanoato de etila (flavorizante de abacaxi)
Butanoato de butila (flavorizante de damasco)
Etanoato de pentila (flavorizante de banana)
Etanoato de octila (flavorizante de laranja)

Os ésteres podem ser obtidos pela reação de um ácido carboxílico com um álcool em uma reação denominada: *reação de esterificação*.

$$H_3C-\underset{\underset{\text{Ácido etanoico}}{}}{\overset{\overset{O}{\|}}{C}}-OH + \underset{\underset{\text{Metanol}}{}}{H_3C-OH} \longrightarrow H_3C-\underset{\underset{\text{Etanoato de metila}}{}}{\overset{\overset{O}{\|}}{C}}-O-CH_3 + H_2O$$

Etanoato de metila ($C_3H_6O_2$), Etanoato de etila ($C_4H_8O_2$), Butanoato de etila ($C_6H_{12}O_2$), Butanoato de butila ($C_8H_{16}O_2$), Etanoato de pentila ($C_7H_{14}O_2$), Etanoato de octila ($C_{10}H_{20}O_2$): ésteres utilizados como aditivos

$$CH_3-\overset{\overset{O}{\|}}{C}-O-CH_3$$
Etanoato de metila

$$CH_3-\overset{\overset{O}{\|}}{C}-O-CH_2-CH_3$$
Etanoato de etila

$$CH_3-CH_2-CH_2-\overset{\overset{O}{\|}}{C}-O-CH_2-CH_3$$
Butanoato de etila

$$CH_3-CH_2-CH_2-\overset{\overset{O}{\|}}{C}-O-CH_2-CH_2-CH_2-CH_3$$
Butanoato de butila

$$CH_3-\overset{\overset{O}{\|}}{C}-O-CH_2-CH_2-CH_2-CH_2-CH_3$$
Etanoato de pentila

$$CH_3-\overset{\overset{O}{\|}}{C}-O-CH_2-CH_2-CH_2-CH_2-CH_2-CH_2-CH_2-CH_3$$
Etanoato de octila

ATIVIDADES

1. Denomine e classifique a cadeia carbônica da substância que representa a essência de banana (aberta/fechada, homogênea/heterogênea, saturada/insaturada, normal/ramificada). Classifique os átomos de carbono quanto à geometria molecular.
2. Compare a fórmula do acetato de etila com a fórmula do etoxietano. Aponte duas semelhanças e duas diferenças.
3. Indique os reagentes que poderão ser utilizados em laboratório para se realizar a síntese das essências:
   a) de groselha
   b) de abacaxi
   c) de banana
4. O produto da reação entre um ácido graxo (ácido carboxílico com mais de 10 carbonos na cadeia carbônica) e o propanotriol (álcool também conhecido por glicerol) é um triéster de ácido graxo conhecido como óleo ou gordura. Pesquise sobre a reação de formação de óleos e gorduras a partir de ésteres.
5. Ao sabonete de benzoato de benzila, vendido em farmácias, associa-se a função escabicida e pediculicida. Qual a fórmula do benzoato de benzila? Identifique a(s) função(ões) orgânica(s).

Em corantes

A **anilina** ou **fenilamina** é um líquido incolor e oleoso de cheiro penetrante, que solidifica a -6°C e entra em ebulição a 184°C. A anilina é bastante utilizada como matéria-prima para a fabricação de corantes: tinturas para couros, peles e algodão, de borracha, sendo esse o maior emprego da anilina (65%), e indústria de medicamentos (sulfas, por exemplo).

A anilina é a AMINA mais importante. O nome anilina tem origem árabe (annil), e significa anil, azul. Essa substância foi obtida pela primeira vez em 1826, através da destilação destrutiva do corante denominado índigo (extraído da planta anileiro). Alguns anos depois, em 1834, foi isolada do alcatrão de hulha e recebeu o nome de "kianol" devido à coloração azul que produz ao ser oxidada.

Como muitos corantes podem ser obtidos a partir da anilina, o nome dessa substância é usado como sinônimo de corante.

Fenilamina ou anilina (C_6H_7N): uso em corantes

Fenilamina ou anilina

ATIVIDADES

1. Classifique a cadeia carbônica da anilina.
2. A trimetilamina é uma amina alifática de cheiro desagradável, principal responsável pelo odor de carne de peixe. Sabendo que as aminas têm caráter básico, justifique o acompanhamento de limão aos pratos feitos à base de peixe.
   Represente a estrutura da trimetilamina.
3. As aminas alifáticas (de cadeia aberta) são reconhecidas por seu cheiro forte e desagradável, mas isso não é característico de todas elas. As aminas são substâncias derivadas da amônia (NH_3) pela substituição de hidrogênios por grupos orgânicos. Conforme o número de hidrogênios substituídos, as aminas podem ser primárias (um hidrogênio substituído), secundárias (dois hidrogênios substituídos) ou terciárias (três hidrogênios substituídos). Apresente dois exemplos de aminas alifáticas e denomine-as.
4. Compare as fórmulas do benzeno, do fenol, do ácido benzoico e da anilina. Anote as diferenças e as semelhanças com relação à:
   a) composição química
   b) saturação/insaturação da cadeia
   c) cadeia ser homogênea ou heterogênea
5. De modo semelhante, compare as estruturas do etanol (álcool etílico), do ácido etanoico (ácido acético), da propanona (acetona) e da etilamina. Anote diferenças e semelhanças com relação à:
   a) composição química
   b) saturação/insaturação da cadeia
   c) cadeia ser homogênea ou heterogênea

6. A comercialização da acetona é controlada pela Polícia Federal, por poder ser utilizada na extração da cocaína, a partir de folhas de coca.

Cocaína

Que elementos químicos compõem a cocaína?
Quais os grupos funcionais que você reconhece na fórmula da cocaína?

Em proteínas

As proteínas são macromoléculas formadas por cadeias de aminoácidos ligados uns aos outros por ligações peptídicas (grupo amino liga-se ao grupo carboxílico) produzindo longas cadeias carbônicas.

Proteína

Nossa dieta alimentar inclui proteínas, substâncias nitrogenadas, cujo processamento pelo nosso organismo fornece, como substância nitrogenada a ser excretada, a ureia.

A **ureia** constitui cerca de 4% da urina humana, meio pelo qual nosso organismo elimina substâncias nitrogenadas indesejáveis produzidas a partir das proteínas. A ureia é, também, um importante produto utilizado na fabricação de fertilizantes, como matéria-prima para fabricação de plásticos, como suplemento alimentar para o gado e como matéria-prima para a indústria farmacêutica.

De modo geral, as AMIDAS têm grande aplicação na indústria. Na indústria farmacêutica, são utilizadas na produção de medicamentos, como o fenobarbital (sedativos), a glutetimida (hipnótico) e o tiopental (anestésico).

Na indústria petroquímica, pode-se citar um importante polímero pertencente ao grupo das amidas: o náilon (poliamida), um material sintético usado na fabricação de roupas, linhas de pesca, engrenagens, etc.

Ureia (CH_4N_2O): uso na fabricação de adubos

Ureia

$$H_2N-C(=O)-NH_2$$

ATIVIDADES

1. Compare os grupos funcionais amina e amida. Aponte as semelhanças e as diferenças.
2. As amidas são denominadas utilizando-se o prefixo referente ao número de carbonos (*met, et, prop*, etc), mais a indicação da saturação/insaturação da cadeia carbônica (*an, en, in*) e a palavra amida. Considere essas informações e represente as substâncias propanamida, metanamida e benzamida.
3. Classifique as cadeias carbônicas das substâncias que você representou na atividade anterior.
4. O LSD é uma droga alucinógena que teve sua utilização ligada a alguns movimentos culturais da década de 1960.

LSD

Sobre a estrutura representada, responda:
a) Qual(is) função(ões) orgânica(s) podem ser reconhecidas?
b) Que grupos funcionais nitrogenados aparecem na estrutura?
c) Qual a fórmula molecular do LSD?

5. A urina humana contém ureia. Esse composto, em solução aquosa, sob ação da enzima *urease*, forma gás carbônico e amônia. Equacione essa reação química.

Em agrotóxicos e em gases poluentes

> O DDT (**diclorodifenil-tricloroetano**) é um poderoso pesticida descoberto em 1872 pelo químico alemão Zeidler. Seu uso iniciou no período da II Guerra Mundial, para "proteger" os soldados contra pragas de piolhos, carrapatos e outros parasitas.
>
> Após o término da guerra, o organoclorado DDT passou a ser empregado no mundo todo no combate a insetos causadores de doenças como a febre amarela, a encefalite e a malária.
>
> O uso do DDT mostrou-se econômico, pois, uma vez realizada a aplicação, o inseticida continuava agindo por muito tempo, por sua ação residual, já que sua degradação é muito lenta. E é essa degradação lenta do inseticida no meio ambiente que tornou inadequado seu uso como agrotóxico.
>
> Em 1960, houve uma campanha mundial de proteção ambiental, em decorrência do uso abusivo de organoclorados (compostos halogenados derivados de hidrocarbonetos, classificados como HALETOS ORGÂNICOS), pois, entre os inseticidas orgânicos sintéticos, os organoclorados são os que mais persistem no meio ambiente.
>
> Também classificados como haletos orgânicos, estão os gases tomados como principais causadores do buraco na camada de ozônio: os CFCs. Esses compostos, formados à base de cloro, flúor e carbono, surgiram nos anos de 1930 e passaram a ser utilizados como gases em refrigeração, em compressores de ar-condicionado, em aerossóis e em inseticidas. No entanto, essa utilização passou a ser reduzida a partir dos anos de 1990, quando pesquisas apontaram essas substâncias como causadoras do "estrago" na camada de ozônio.
>
> Os CFCs são bastante estáveis ao nível do solo, mas, quando atingem camadas mais altas da atmosfera e ultrapassam a camada de ozônio, sofrem a ação dos raios ultravioleta e se decompõem, liberando átomos de cloro. Esses átomos livres reagem com as moléculas de ozônio produzindo gás oxigênio (O_2) e óxido de cloro (Cl_2O).

Diclorodifenil-tricloroetano-DDT ($C_{14}H_9Cl_5$): usado como agrotóxico

Diclorodifenil-tricloroetano

Cl—⟨⟩—CH(CCl$_3$)—⟨⟩—Cl

CFCs: gases poluentes

$$F-\underset{\underset{F}{|}}{\overset{\overset{H}{|}}{C}}-Cl \quad \text{CHClF}_2 \text{ (cloro-difluormetano)}$$

$$Cl-\underset{\underset{Cl}{|}}{\overset{\overset{H}{|}}{C}}-\underset{\underset{F}{|}}{\overset{\overset{F}{|}}{C}}-F \quad \text{C}_2\text{HCl}_2\text{F}_3 \text{ ou HCFC-123 (2,2-dicloro-1,1,1-trifluormetano)}$$

$$Cl-\underset{\underset{Cl}{|}}{\overset{\overset{F}{|}}{C}}-F \quad \text{CCl}_2\text{F}_2 \text{ ou CFC-12 (dicloro-difluorcarbono)}$$

ATIVIDADES

1. Vimos que alguns compostos formados pelos elementos cloro, flúor e carbono são conhecidos como CFCs. Essas substâncias, em um passado recente, foram muito utilizadas em *sprays* e, ainda hoje, são utilizados como gás de refrigeração. São alguns exemplos de CFCs os gases do tipo freon, como o freon-11 (CCl_3F), o freon-12 (CCl_2F_2), o freon-13 ($CClF_3$) ou freon-115 (C_2ClF_5). Represente essas estruturas e denomine-as.
2. O teflon, material utilizado como antiaderente em panelas, é fabricado a partir do $F_2C=CF_2$. Sobre essa matéria-prima, pergunta-se:
   a) Qual seu nome oficial?
   b) Como se classifica essa cadeia carbônica?
   c) Qual a geometria dos átomos de carbono?
3. Os fabricantes denominam os praguicidas de defensivos agrícolas, compostos conhecidos, também, como agrotóxicos. Qual o significado dessas diferentes denominações e que implicações políticas elas contêm?
4. Faça uma pesquisa com relação à composição química, aos efeitos da aplicação e aos riscos/benefícios de outros organoclorados utilizados como inseticidas ou fungicidas, tais como o pentaclorofenol, o TCDD (2,3,7,8-tetracloro-dibenzo-p-dioxina), o PDB (p-diclorobenzeno ou 1,4-diclorobenzeno) e o HCB (hexaclorobenzeno).
5. Faça uma pesquisa sobre as condições atuais da camada de ozônio. Justifique a diminuição, o aumento ou a manutenção de seu tamanho e a posição do buraco na camada de ozônio.
6. No quadro a seguir vamos reunir mais algumas substâncias estudadas ao longo dos textos. Você deve preencher as colunas de acordo com as anotações feitas anteriormente nas atividades que acompanham os textos.

Química orgânica 47

TABELA 2.2

Substância	Fórmula molecular	Fórmula estrutural	Cadeia carbônica	Composição química	Grupo funcional	Função	Nº de carbonos	Nomenclatura prefixo-afixo-sufixo
Etóxi etano ou éter etílico	$C_4H_{10}O$	$CH_3-CH_2-O-CH_2-CH_3$	Aberta, saturada, heterogênea e normal	C, H e O	R–O–R	Éter	2 + 2	et-óxi + et-ano éter etílico
Hidroxibenzeno ou fenol								
Hidróxi-metil-benzeno ou cresol								
Ácido etanoico ou ácido acético								
Etanoato de etila ou acetato de etila								
Fenilamina ou anilina								
Propanoamida								
Tricloro metano ou clorofórmio								

7. Completar o quadro resumo sugerido (ou estruturar outro) que contenha as principais funções com seus grupos funcionais. Apresentar fórmula e nomenclatura de um exemplo para cada uma das funções que compõe o quadro.

Hidrocarbonetos: (C e H)	Álcoois	Aminas
Alcanos • Cadeia carbônica: • Nomenclatura: • Exemplo:	**Álcoois** • Grupo funcional: • Nomenclatura: • Exemplo:	**Aminas** • Grupo funcional: • Nomenclatura: • Exemplo:
Alcenos • Cadeia carbônica: **insaturada (lig. duplas)** • Nomenclatura: **terminação *eno*** • Exemplo: $CH_3-CH=CH_2$ (Propeno)	**Ácidos carboxílicos** • Grupo funcional: • Nomenclatura: • Exemplo:	**Amidas** • Grupo funcional: • Nomenclatura: • Exemplo:
Alcinos • Cadeia carbônica: • Nomenclatura: • Exemplo:	**Éteres** • Grupo funcional: • Nomenclatura: • Exemplo:	**Cetonas** • Grupo funcional: • Nomenclatura: • Exemplo:
Ciclo alcanos ou ciclanos • Cadeia carbônica: • Nomenclatura: • Exemplo:	**Ésteres** • Grupo funcional: • Nomenclatura: • Exemplo:	**Haletos orgânicos** • Grupo funcional: • Nomenclatura: • Exemplo:
Aromáticos • Cadeia carbônica: • Nomenclatura: • Exemplo:	**Fenóis** • Grupo funcional: • Nomenclatura: • Exemplo:	**Aldeídos** • Grupo funcional: $$R-C{\overset{\displaystyle O}{\underset{\displaystyle H}{\lessgtr}}}$$ • Nomenclatura: **terminação *al*** • Exemplo: $$CH_3-CH_2-C{\overset{\displaystyle O}{\underset{\displaystyle H}{\lessgtr}}}$$ (Propanal)

*R = radical orgânico (exemplo: -CH_3, -CH_2CH_3, ⬡ , etc)

— capítulo — 3

Isomeria

Prêmio Nobel de Química em 2001
Ryoji Noyori, Barry Sharpless e William Knowles

Quem são: Noyori trabalha em Nagoya, no Japão, foi pesquisador da empresa de agroquímica norte-americana Monsanto, hoje está aposentado. Sharpless dá aula no Instituto de Pesquisa Scripps, em La Jolla, na Califórnia. William Knowles trabalhou durante muitos anos para a empresa Monsanto em St Louis (Missouri) e aposentou-se em 1986.

O que fizeram: Desvendaram o enigma das "moléculas quirais". São moléculas de composição química idêntica, mas cuja arquitetura é invertida, como a imagem de alguém no espelho ou a orientação da mão direita em relação à esquerda. O problema é que essas moléculas quirais, embora quimicamente idênticas, têm efeitos biológicos muito distintos. Um exemplo terrível dessa propriedade foi a talidomida, na década de 1960. Enquanto uma forma de molécula presente no remédio combatia a náusea das grávidas, a outra produzia bebês com má formação genética.

Por que isso vale o Nobel: A partir do trabalho ganhador do Nobel desse ano, tornou-se possível produzir remédios apenas com a forma benigna da molécula. A descoberta possibilitou o maior controle das reações químicas e o desenvolvimento de medicamentos mais seguros. Atualmente, o tratamento padrão para o mal de Parkinson já é feito com drogas produzidas com esse novo método. Também já estão no mercado antibióticos, anti-inflamatórios e remédios para problemas cardíacos, como metabloqueadores, feitos de acordo com a descoberta premiada pelo Nobel.

Fonte: *Revista Veja*, 17.10.2001, p.134.

A matéria da revista Veja trata do reconhecimento de uma pesquisa com isômeros, mais especificamente, com isômeros ópticos. Mas o que vem a ser compostos isômeros?

Isomeria é a ocorrência de dois ou mais compostos diferentes que apresentam a mesma fórmula molecular. Alguns isômeros possuem fórmulas estruturais rentes (isômeros planos); outros, no entanto, possuem a mesma fórmula estrutural (isômeros espaciais).

Quanto às propriedades, os isômeros planos são compostos cujos processos de separação são facilitados pelas diferenças nas propriedades físicas, por exemplo, pontos de fusão e de ebulição e densidade. Já, os isômeros espaciais possuem propriedades físicas muito semelhantes, sendo que, em alguns (isômeros ópticos), as semelhanças são ainda mais acentuadas, tornando inviável sua separação. Vejamos a classificação e a caracterização dos isômeros.

Isomeria plana

Também chamada isomeria estrutural, caracteriza a ocorrência de dois ou mais compostos de mesma fórmula molecular, mas com fórmulas estruturais planas diferentes. Os isômeros planos podem ser compostos pertencentes a uma mesma função orgânica (isomeria de cadeia, isomeria de posição e isomeria de compensação ou metameria), ou compostos pertencentes a funções diferentes (isomeria de função e tautomeria).

Isomeria plana de cadeia

Isômeros de cadeia são compostos pertencentes à mesma função química, com a mesma fórmula molecular, mas com classificação de cadeia carbônica diferente.

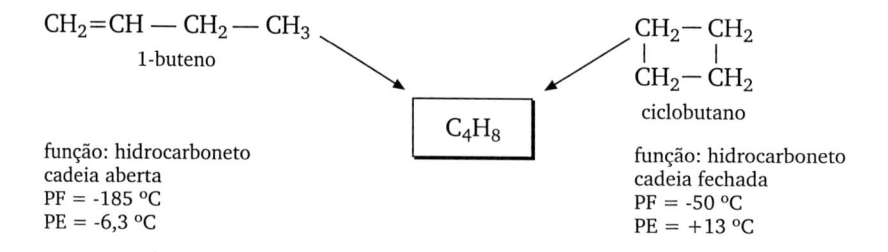

$CH_2=CH — CH_2 — CH_3$
1-buteno

C_4H_8

$\begin{array}{c} CH_2- CH_2 \\ |\quad\quad | \\ CH_2- CH_2 \end{array}$
ciclobutano

função: hidrocarboneto
cadeia aberta
PF = -185 °C
PE = -6,3 °C

função: hidrocarboneto
cadeia fechada
PF = -50 °C
PE = +13 °C

Isomeria plana de posição

Isômeros de posição são compostos pertencentes à mesma função química, com a mesma fórmula molecular, mas com diferentes posições de grupos funcionais, insaturações ou radicais presentes na cadeia carbônica.

$$\overset{4}{C}H_3-\overset{3}{C}H-\overset{2}{C}H_2-\overset{1}{C}\overset{O}{\underset{OH}{\diagup}}$$
$$CH_3$$

ácido 3-metilbutanoico
função: ácido
cadeia: aberta, saturada,
ramificada e homogênea
posição: o radical metil
está no carbono 3

$C_4H_{10}O_2$

$$\overset{4}{C}H_3-\overset{3}{C}H_2-\overset{2}{C}H-\overset{1}{C}\overset{O}{\underset{OH}{\diagup}}$$
$$CH_3$$

ácido 2-metilbutanoico
função: ácido
cadeia: aberta, saturada,
ramificada e homogênea
posição: o radical metil
está no carbono 2

Isomeria plana de compensação ou metameria

Isômeros de compensação são compostos pertencentes à mesma função química, com a mesma fórmula molecular, mas com diferentes posições do heteroátomo ao longo da cadeia carbônica. Esse tipo de isomeria só ocorre, portanto, em cadeias heterogêneas.

$CH_3-CH_2-O-CH_2-CH_3$
etoxietano

função: éter
cadeia: aberta, saturada,
normal e heterogênea
PE = +34,6 °C

$C_4H_{10}O$

$CH_3-O-CH_2-CH_2-CH_3$
metoxipropano

função: éter
cadeia: aberta, saturada,
normal e heterogênea
PE = +38,9 °C

Isomeria plana de função

Isomeria de função, também chamada isomeria funcional ou isomeria química. Esse tipo de isomeria ocorre quando compostos de mesma fórmula molecular pertencem a funções químicas diferentes.

CH_3-CH_2-OH
etanol

função: álcool
PF = -117,3 °C
PE = +34,6 °C

C_2H_6O

CH_3-O-CH_3
metoximetano

função: éter
PF = -138 °C
PE = -24,8 °C

Tautomeria

Corresponde a um caso particular de isomeria de função, em que diferentes estruturas permanecem em equilíbrio químico. Os exemplos mais comuns de tautomeria são a aldoenólica e a cetoenólica.

Os compostos carbonilados com um ou mais átomos de hidrogênio ligados aos carbonos vizinhos (carbonos α) se interconvertem rapidamente em enóis. Em meio aquoso, o equilíbrio entre enol e aldeído ou enol e cetona se desloca para o aldeído ou para cetona, respectivamente, pois, nesse meio, as estruturas do aldeído e da cetona são mais estáveis. Esta interconversão rápida entre duas substâncias é um tipo especial de isomeria, conhecido como tautomeria (do grego *tauto*, "o mesmo", e *meros*, "parte"). Os isômeros são chamados de tautômeros.

Vejamos a representação das reações de transformação de enóis em grupos carbonilados.

Tautomeria aldoenólica

Essa forma de isomeria existe entre um aldeído e um enol (grupo –OH ligado a um carbono com ligação dupla), sendo a estrutura aldeído predominante no equilíbrio.

Tautomeria cetoenólica

Essa forma de isomeria existe entre uma cetona e um enol (grupo –OH ligado a um carbono com ligação dupla), sendo a estrutura cetona predominante no equilíbrio.

$$CH_3 - \underset{\underset{O}{\|}}{C} - CH_3 \rightleftharpoons CH_2 = \underset{\underset{OH}{|}}{C} - CH_3$$

propanona
função: cetona

C_3H_6O

2-propenol
função: enol

A maior parte dos compostos carbonilados em equilíbrio ocorre quase exclusivamente na forma ceto, sendo difícil isolar o enol puro. Mas, embora os enóis sejam difíceis de isolar e estejam presentes em quantidades muito pequenas no equilíbrio, são extremamente importantes na química dos compostos carbonilados.

ISOMERIA ESPACIAL

A isomeria espacial, também conhecida por estereoisomeria, se caracteriza pela ocorrência de diferentes compostos que, embora tenham fórmulas moleculares e estruturais idênticas, apresentam diferentes arranjos espaciais dos átomos. A isomeria espacial pode ser classificada em isomeria geométrica (ou *cis-trans*) e em isomeria óptica.

Isomeria geométrica

Os isômeros geométricos possuem fórmulas estruturais planas idênticas, mas possuem diferenças em suas propriedades físicas.

A explicação no nível atômico-molecular da isomeria geométrica é dada pela diferente disposição espacial dos átomos em cadeias insaturadas ou cíclicas.

Os isômeros geométricos podem ser denominados *cis-trans*, sendo indicados como *cis* ou *trans* de acordo com a posição dos ligantes no espaço. Vejamos a representação do composto 2-buteno.

$$H_3C - CH = CH - CH_3$$

$$\underset{H}{\overset{H_3C}{\diagdown}} C = C \underset{H}{\overset{CH_3}{\diagup}} \qquad \underset{H}{\overset{H_3C}{\diagdown}} C = C \underset{CH_3}{\overset{H}{\diagup}}$$

(I)   (II)
PF = -139 °C   PF = -105 °C
PE = 3,7 °C   PE = 1 °C

Como podemos ver, há duas possibilidades de representação dessa molécula, não sendo possível transformar a estrutura I na estrutura II, devido ao impedimento de rotação pela dupla ligação. Assim, as estruturas I e II representam compostos diferentes.

As condições para a existência de isomeria geométrica, além da ligação dupla, é a existência de ligantes diferentes entre si, ligados aos carbonos da ligação dupla.

$$\underset{R_2}{\overset{R_1}{\diagdown}} C = C \underset{R_4}{\overset{R_3}{\diagup}}$$

$R_1 \neq R_2$ $R_3 \neq R_4$

Pelo fato de estarmos tratando de compostos cujas diferenças estão sendo indicadas pela representação de estruturas, diferentes apenas espacialmente, é indicado o uso de modelos como modo de simular a disposição espacial de átomos e moléculas. Uma maneira prática de realizar a construção desses modelos é utilizar hastes (palitos, arames ou cotonetes, representando as ligações químicas) e esferas (bolinhas de isopor ou massa de modelar, representando os átomos), simulando a disposição dos átomos em estruturas saturadas (como, por exemplo, a estrutura do etano/C_2H_6) e em estruturas insaturadas (como, por exemplo, a estrutura do eteno/C_2H_4).

Com esses modelos, é possível simular a rotação dos átomos na molécula do etano (devido à existência apenas de ligações simples em cadeia aberta), o que não ocorre com a molécula de eteno (devido à existência de ligação dupla que impede a rotação dos átomos na molécula).

Vejamos mais um exemplo, a representação da estrutura do 1,2-dicloroeteno.

$$Cl-CH=CH-Cl$$

$$\begin{array}{c}Cl\\H\end{array}C=C\begin{array}{c}Cl\\H\end{array} \qquad \begin{array}{c}Cl\\H\end{array}C=C\begin{array}{c}H\\Cl\end{array}$$

cis-1,2-dicloroeteno   trans-1,2-dicloroeteno
(cis = mesmo lado)   (trans = lados diferentes)
PF = -80 °C   PF = -50 °C
PE = entre 58-60 °C   PE = entre 47-49 °C

São considerados isômeros *cis-trans* compostos cujo átomo de carbono apresente ligantes diferentes entre si, mas iguais aos do outro átomo de carbono, tal como indica a estrutura do composto 1,2-dicloroeteno. No entanto, há isômeros geométricos que possuem todos os ligantes diferentes entre si. Esse tipo de isomeria geométrica é classificada como E (opostos) e Z (juntos).

Isomeria E e Z

Nos casos de isomeria geométrica em que os átomos de carbono que contêm a ligação dupla possuem um conjunto de ligantes diferentes entre si, não cabe a denominação *cis-trans*.

$$\begin{array}{c}a\\b\end{array}C=C\begin{array}{c}d\\c\end{array} \quad \text{ou} \quad \begin{array}{c}a\\b\end{array}C=C\begin{array}{c}c\\d\end{array}$$

com $a \neq b \neq c \neq d$

Nesses casos, o correto é usar o sistema de nomenclatura indicado por Entgegen (E) e Zusammen (Z), proposto pelos seguintes químicos: o inglês Christopher Kelk Ingold, o bósnio Vladimir Prelog e colaboradores. Eles utilizaram um sistema para a diferenciação de isômeros no qual são examinados os grupos ligados a cada átomo de carbono da dupla ligação e colocados em ordem de prioridade com relação ao ligante com maior número atômico.

Consideremos, por exemplo, o composto 3-metil-2-penteno:

$$\begin{array}{c}H_3C\\H\ \ x\end{array}C=C\begin{array}{c}CH_3\\y\ \ CH_2-CH_3\end{array}$$

No carbono x, o ligante de maior prioridade é o metil (-CH₃), pois o carbono tem maior número atômico que o átomo de hidrogênio.

No carbono y, o ligante de maior prioridade é o etil (-CH₂CH₃), pois o desempate é feito relacionando-se o número atômico do último átomo de carbono desse radical com o átomo de hidrogênio do radical metil.

A partir disso, pode-se caracterizar como isômero Z (juntos), o composto cujos ligantes de maior prioridade estão dispostos em um mesmo plano, e como isômero E (separados), o que contém os ligantes de maior prioridade em planos separados.

- Isômero Z-3-metil-2-penteno

$$\underset{H}{\overset{H_3C}{>}}C=C\underset{CH_3}{\overset{CH_2-CH_3}{<}}$$

- Isômero E-3-metil-2-penteno

$$\underset{H}{\overset{H_3C}{>}}C=C\underset{CH_2-CH_3}{\overset{CH_3}{<}}$$

Embora, às vezes, isômeros Z-E sejam nomeados, respectivamente, como *cis-trans*, destaca-se que a nomenclatura Z não é sinônimo de denominação *cis*, nem a nomenclatura E é sinônimo de denominação *trans*, pois essas indicações pertencem a sistemas de nomenclatura distintos.

Isomeria óptica

Cientista Pasteur: atuação no campo da Medicina e da Química

Louis Pasteur (Dole, 27 de dezembro de 1822 / Villeneuve-L'Etang, 28 de setembro de 1895) foi um cientista francês cujas descobertas tiveram enorme importância na história da química e da medicina. A ele se deve a técnica conhecida como pasteurização.

Não foi um aluno especialmente aplicado ou brilhante na escola e nem mesmo na universidade. Iniciou seus estudos em Arbois e Besançon, transferindo-se para a Escola Normal Superior em 1843. Após licenciar-se e assistir às aulas do grande químico francês Jean Baptiste Dumas, começou a se interessar pela química.

Exerceu o cargo de professor de química em Estrasburgo e, posteriormente, em Paris.

Descobriu, em 1848, o dimorfismo do ácido tartárico, ao observar no microscópio que o ácido racêmico apresentava dois tipos de cristais com simetria especular.

(Continua)

> **(Continuação)**
>
> Foi, portanto, o descobridor das formas dextrógiras e levógiras, comprovando que desviavam o plano de polarização da luz no mesmo ângulo, porém, em sentido contrário. Esta descoberta valeu ao jovem químico, com apenas 26 anos, a concessão da "Légion d'Honneur Francesa".
>
> Fonte: Wikipédia, a enciclopédia livre. http://pt.wikipedia.org/wiki/Louis_Pasteur – Acessado em 30/08/2006.

No trabalho que desenvolveu, Pasteur demonstrou ser possível reconhecer substâncias com a mesma composição química, mas cujas estruturas indicavam disposição espacial dos átomos que resultavam em pares de substâncias não sobreponíveis, sendo uma imagem especular da outra, o que justificaria o fato dessas substâncias possuírem propriedades físicas ligeiramente diferentes. Pasteur comprovou a existência dos pares de substâncias por meio do estudo da polarização da luz e da hemiedria dos cristais de substâncias orgânicas, contribuindo enormemente para o estudo dos isômeros ópticos.

Isômeros ópticos são compostos que, apesar de possuírem a mesma fórmula molecular e a mesma fórmula estrutural plana, desviam de forma diferente o plano de propagação da luz polarizada. Em um feixe luminoso comum como, por exemplo, a luz solar, a luz de uma chama ou a de uma lâmpada, a luz se propaga em ondas dispostas ao longo de diferentes planos (vão em diferentes direções). Quando as ondas se propagam em um único plano, temos a luz polarizada.

Consideremos um feixe luminoso incidindo frontalmente, que poderia ser representado das seguintes maneiras:

luz não polarizada
(vários planos de vibração)

luz polarizada
(um único plano de vibração)

Figura 3.1 Representação da polarização de um feixe de luz.

A luz não polarizada pode ser transformada em polarizada ao passar por uma placa polarizadora (feita com materiais que só permitem a passagem das ondas que vibram em um determinado plano, sendo as demais orientações bloqueadas). O instrumento que mede o ângulo de desvio da luz polarizada (o desvio pode ser para a direita, em sentido horário, ou para a esquerda, em sentido anti-horário) é chamado polarímetro.

As substâncias capazes de desviar o plano da luz polarizada para a direita são classificadas como dextrogiras (d) ou (+) e aquelas que desviam a luz polarizada para a esquerda são classificadas como levógiras (l) ou (–). Quando duas substâncias, com a mesma fórmula molecular desviam diferentemente o plano da luz polarizada, estamos tratando de isômeros opticamente ativos.

No nível atômico-molecular, caracterizamos isômeros opticamente ativos considerando a disposição dos átomos na molécula da substância. Experimentalmente, sabe-se que todo composto dotado de assimetria molecular desviará o plano da luz polarizada. Esse tipo de assimetria é chamado de assimetria quiral, palavra que vem do grego *cheir* e significa mão. Essa assimetria pode ser exemplificada com a representação que segue. Veja que é impossível obter a imagem da sobreposição das mãos de modo análogo ao analisar as fórmulas estruturais dos isômeros ópticos. Veremos que é impossível fazer a sobreposição de estruturas.

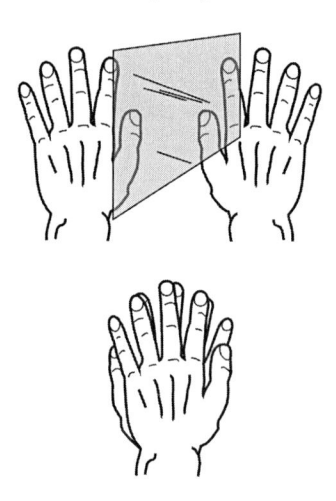

Sobreposição das imagens

Figura 3.2 Imagem especular da mão humana.

Isomeria óptica com carbono assimétrico (carbono quiral)

Carbono assimétrico é o átomo de carbono que está ligado a quatro grupos ligantes diferentes. O ácido lático, proveniente do leite, também conhecido como ácido α-hidroxipropanoico ou ácido-2-hidroxipropanoico, é um exemplo de composto com carbono assimétrico (carbono assinalado com asterisco), pois, ao carbono central, estão ligados quatro ligantes diferentes: H, CH_3, OH e COOH.

$$H_3C-\overset{\overset{H}{|}}{\underset{\underset{OH}{|}}{C^*}}-COOH$$

Vejamos a simulação da sobreposição de uma estrutura pela outra, veja que isso não é possível, porque, ao sobrepor as moléculas, não há coincidência de todos os radicais – as moléculas são diferentes, indicando a presença dos dois isômeros.

espelho

CH₃	CH₃	CH₃
H—C—OH	HO—C—OH	HO—C—OH
CO₂H	HO₂C H	HO₂C H H CO₂H

Imagem refletida no espelho   Não podem ser sobrepostas

As moléculas acima representam o ácido lático dextrógiro (a primeira), representado por ácido d-lático ou ácido (+) lático. A segunda estrutura representa o ácido lático levógiro, representado por ácido l-lático ou ácido (–) lático.

Os isômeros ópticos possuem propriedades físicas muito semelhantes, o que explica a dificuldade em extrair um dos isômeros da mistura. A diferença entre os isômeros está no desvio do plano da luz polarizada (daí o nome isomeria óptica) e, também, em seus efeitos fisiológicos (efeitos sobre organismos vivos).

TABELA 3.1
Propriedades físicas de isômeros ópticos

	Ponto de fusão (°C)	Densidade (g/mL)	Rotação específica $[\alpha]_D^{20*}$
Ácido (+) lático	52,8	1,2485	+2,6°
Ácido (–) lático	52,8	1,2485	–2,6°

*O número 20 indica a temperatura, e D, o comprimento de onda da luz utilizada na medida.

Note-se que os símbolos D e L (maiúsculos) se referem à configuração, e não ao sinal da rotação. Podemos ter, por exemplo, D(+) gliceraldeído e L(–) gliceraldeído. Na literatura encontra-se frequentemente d e l (minúsculos), pronunciados "dextro" e "levo", mas seu significado nem sempre é muito claro.

Em compostos como os glicídios, podemos ver essa diferença. Estes compostos podem ser D ou L, de acordo com a configuração estereoquímica do carbono assimétrico mais distante da carbonila. São isômeros que apresentam as mesmas propriedades físicas: ponto de fusão, ponto de ebulição e solubilidade, diferindo apenas na atividade óptica. Quando um isômero desvia o plano da luz polarizada para a direita, é dito dextrógiro, simbolizado pelo sinal (+); o outro terá o mesmo poder rotatório específico, porém, com sinal contrário, e será levógiro, simbolizado pelo sinal (-).

$$
\begin{array}{c}
\text{H}\diagdown\text{C}\!\!=\!\!\text{O} \\
| \\
\text{H}-\text{C}-\text{OH} \\
| \\
\text{H}-\text{C}-\text{H} \\
| \\
\text{OH} \\
\text{D(+) Gliceraldeído}
\end{array}
\qquad
\begin{array}{c}
\text{H}\diagdown\text{C}\!\!=\!\!\text{O} \\
| \\
\text{HO}-\text{C}-\text{H} \\
| \\
\text{H}-\text{C}-\text{H} \\
| \\
\text{OH} \\
\text{L(-) Gliceraldeído}
\end{array}
$$

Os compostos serão da série D ou da série L, dependendo da configuração estereoquímica do carbono assimétrico mais distante do grupo carbonila. Se essa configuração for sobreponível à do carbono assimétrico do D-gliceraldeído, será do tipo D e, se corresponder à do L-gliceraldeído, será do tipo L.

Assim, reservam-se os símbolos (+) e (–), especificamente, para indicar a propriedade física da atividade óptica, e os símbolos D e L (maiúsculas), para indicar a correlação estrutural. Nos exemplos apresentados a seguir, representam-se as estruturas da D(+)glicose e L(–)glicose. No entanto, é importante ressaltar a existência dos isômeros D(–)glicose e L(+)glicose, devido à presença de outros carbonos assimétricos na molécula.

$$
\begin{array}{c}
\text{H}\diagdown\text{C}\!\!=\!\!\text{O} \\
| \\
\text{H}-\text{C}-\text{OH} \\
| \\
\text{HO}-\text{C}-\text{H} \\
| \\
\text{H}-\text{C}-\text{OH} \\
| \\
\text{H}-\text{C}-\text{OH} \\
| \\
\text{H}-\text{C}-\text{H} \\
| \\
\text{OH} \\
\text{D(+) Glicose}
\end{array}
\qquad
\begin{array}{c}
\text{H}\diagdown\text{C}\!\!=\!\!\text{O} \\
| \\
\text{HO}-\text{C}-\text{H} \\
| \\
\text{H}-\text{C}-\text{OH} \\
| \\
\text{HO}-\text{C}-\text{H} \\
| \\
\text{HO}-\text{C}-\text{H} \\
| \\
\text{H}-\text{C}-\text{H} \\
| \\
\text{OH} \\
\text{L(-) Glicose}
\end{array}
$$

O número de isômeros opticamente ativos depende do número de carbonos assimétricos diferentes (quirais) presentes na estrutura. Assim, compostos que apresentam apenas um carbono assimétrico na molécula terão dois isômeros ópticos ativos, um dextrógiro e um levógiro. Esses isômeros desviarão a luz polarizada com um mesmo ângulo de desvio (α), porém, o sentido de rotação será contrário. São chamados antípodas ópticos, enantiomorfos ou, ainda, moléculas quirais.

Havendo, na molécula, dois átomos de carbono assimétricos, mas iguais, como é o caso do ácido tartárico (ácido di-hidroxi-succínico), representado a seguir, existem dois isômeros com atividade óptica (enantiomorfos entre si): o ácido d-tartárico e o ácido l-tartárico. Quando em partes iguais, formarão uma mistura racêmica, que é opticamente inativa (inativo por compensação externa).

$$HOOC\overset{1}{-}\overset{H}{\underset{OH}{\overset{2}{C}}}-\overset{H}{\underset{OH}{\overset{3}{C}}}-\overset{4}{C}-COOH$$

Nesse exemplo, os carbonos assimétricos 2 e 3 são iguais ou equivalentes entre si, pois ambos possuem os mesmos grupamentos como ligantes. Isso faz com que, além dos isômeros opticamente ativos (enantiomorfos) e opticamente inativos (mistura racêmica), haja, ainda, mais um isômero sem atividade óptica (inativo por compensação interna): o ácido mesotartárico. Vejamos, na tabela que segue, algumas propriedades desses isômeros.

TABELA 3.2
Propriedades físicas do ácido tartárico

Ácido Tartárico	Ponto de Fusão(°C)	Densidade (g/mL)	Rotação específica $[\alpha]_D^{20°}$
d	170	1,76	+12°
l	170	1,76	-12°
dl	206	1,69	0
meso	140	1,67	0

Quando aumenta o número de carbonos assimétricos diferentes, aumenta, também, a ocorrência do número de isômeros. Considere, por exemplo, o composto 3-metil-2-pentanol. Observe que existem dois carbonos assimétricos diferentes, uma vez que tanto o carbono a quanto o carbono b possuem grupos ligantes diferentes.

$$H_3C-\underset{a}{\overset{OH}{\underset{H}{C^*}}}-\underset{b}{\overset{H}{\underset{CH_3}{C^*}}}-\overset{H}{\underset{H}{C}}-CH_3$$

Nesse caso, o número de isômeros opticamente ativos será quatro. Esses podem ser representados esquematicamente do seguinte modo:

$$
\begin{array}{cccc}
\text{CH}_3 & \text{CH}_3 & \text{CH}_3 & \text{CH}_3 \\
\overset{a}{|} & \overset{a}{|} & \overset{a}{|} & \overset{a}{|} \\
\text{H}-\text{C*}-\text{OH} & \text{HO}-\text{C*}-\text{H} & \text{H}-\text{C*}-\text{OH} & \text{HO}-\text{C*}-\text{H} \\
\overset{b}{|} & \overset{b}{|} & \overset{b}{|} & \overset{b}{|} \\
\text{H}-\text{C*}-\text{CH}_3 & \text{CH}_3-\text{C*}-\text{H} & \text{CH}_3-\text{C*}-\text{H} & \text{H}-\text{C*}-\text{CH}_3 \\
| & | & | & | \\
\text{CH}_2-\text{CH}_3 & \text{CH}_3-\text{CH}_2 & \text{CH}_2-\text{CH}_3 & \text{CH}_3-\text{CH}_2 \\
A & B & C & D
\end{array}
$$

espelho   espelho

A diferença entre os quatro compostos é indicada pelas posições dos grupos OH e CH$_3$, que ora estão à esquerda, ora estão à direita na representação da fórmula. Os isômeros A e B são antípodas ópticos; um será dextrógiro, e, o outro, levógiro, com desvios iguais em módulo. O mesmo pode-se dizer dos isômeros C e D. Além disso, consideremos que há duas misturas racêmicas: A + B e C + D. A mistura racêmica é opticamente inativa por compensação externa, ou seja, como há um número igual de moléculas dextrogiras e levogiras e como essas moléculas provocam desvios em sentidos opostos da luz polarizada, o desvio final será nulo, pois uma molécula cancela o desvio da outra.

Há, ainda, nesse sistema, moléculas diastereoisômeras, indicando a presença de isômeros ópticos não enantiomorfos, ou seja, isômeros ópticos que desviam a luz polarizada com ângulos diferentes, não sendo, portanto, imagens especulares um do outro, como é o caso dos pares: A e C; A e D, B e C; B e D.

Generalizando, pode-se dizer que, havendo 1, 2, 3 ... n carbonos assimétricos diferentes, teremos, $2^1, 2^2, 2^3, ..., 2^n$ isômeros ópticos entre si, e, consequentemente, $2^n/2 = 2^{n-1}$ misturas racêmicas entre si.

Como exemplo, a molécula do 3-metil-2-pentanol apresenta dois carbonos quirais (assimétricos), ou seja, terá um total de quatro enantiômeros: $2^n = 2^2 = 4$.

$$
\begin{array}{cccc}
\text{CH}_3 & \text{CH}_3 & \text{CH}_3 & \text{CH}_3 \\
\overset{a}{|} & \overset{a}{|} & \overset{a}{|} & \overset{a}{|} \\
\text{H}-\text{C*}-\text{OH} & \text{HO}-\text{C*}-\text{H} & \text{H}-\text{C*}-\text{OH} & \text{HO}-\text{C*}-\text{H} \\
\overset{b}{|} & \overset{b}{|} & \overset{b}{|} & \overset{b}{|} \\
\text{H}-\text{C*}-\text{CH}_3 & \text{CH}_3-\text{C*}-\text{H} & \text{CH}_3-\text{C*}-\text{H} & \text{H}-\text{C*}-\text{CH}_3 \\
| & | & | & | \\
\text{CH}_2-\text{CH}_3 & \text{CH}_3-\text{CH}_2 & \text{CH}_2-\text{CH}_3 & \text{CH}_3-\text{CH}_2 \\
\text{enantiômero 1} & \text{enantiômero 2} & \text{enantiômero 3} & \text{enantiômero 4}
\end{array}
$$

As configurações D e L historicamente foram de modo arbitrário relacionadas aos compostos (+)gliceraldeído e (–)gliceraldeído. Essas determinações arbitrárias das configurações absolutas, através da determinação da configuração relativa ao gliceraldeído, foi feita durante muito tempo, até que se pôde confirmar que essas configurações absolutas do gliceraldeído, por coincidência, estavam relacionadas à configuração real, conforme apresentamos anteriormente. Usando essa relação, as configurações de muitos compostos ficaram determinadas comparativamente à estrutura do gliceraldeído. Entretanto, dificuldades surgiram quando se examinaram compostos difíceis de relacionar com um dos gliceraldeídos, como, por exemplo, a estrutura química do princípio ativo do medicamento talidomida e do adoçante aspartame. Em função da ambiguidade na determinação das configurações D e L, um novo sistema de nomenclatura para compostos assimétricos teve de ser criado e superou facilmente o antigo sistema D e L. Tal sistema, denominado R-S, descreveremos a seguir.

Quiralidade e atividade biológica

Existe nas farmácias da sua cidade uma série de substâncias utilizadas como fármacos que apresentam em sua estrutura um carbono assimétrico. A supressão da quiralidade nesses fármacos leva ao desaparecimento da atividade biológica.

A seguir apresentamos alguns exemplos de substâncias vendidas nas farmácias como fármacos. Todos apresentam um ou mais centros assimétricos em sua estrutura.

Como podemos perceber, a modificação da orientação espacial dos substituintes ao redor do centro assimétrico muda completamente o efeito biológico em nosso corpo. Por exemplo, a talidomida é um sedativo leve e pode ser utilizado no tratamento de náuseas, muito comum no período inicial da gravidez. Quando foi lançado, era considerado seguro para o uso de grávidas, sendo administrado como uma mistura racêmica, ou seja, uma mistura composta pelos seus dois enantiômeros, em partes iguais.

Entretanto, uma coisa que não se sabia na época é que o enantiômero S apresentava uma atividade teratogênica (do grego *teras* = monstro; *gene* = origem), ou seja, levava à má formação congênita, afetando principalmente o desenvolvimento normal dos braços e das pernas do bebê. O uso indiscriminado desse fármaco levou ao nascimento de milhares de pessoas com má formação física. Esse é um exemplo clássico de um efeito nocivo grave causado pelo enantiômero de um fármaco comercial.

Esse lamentável acontecimento despertou a atenção da comunidade científica e das autoridades farmacêuticas sobre a importância de um centro assimétrico na atividade farmacológica. Um outro exemplo é o aspartame, adoçante sintético, com uso largamente difundido no Brasil e no mundo. O estereoisômero S,S é doce, enquanto que o R,R é amargo.

Exemplos de substâncias isômeras

(S)-Talidomida teratogênico

(R) - Talidomida sedativo

(S,S) - Aspartame sabor doce

(R,R) - Aspartame sabor amargo

REGRAS DE PRIORIDADE R-S

- Cada grupo ligado a um carbono quiral recebe um número de prioridade de 1 a 4. A prioridade é definida, em primeiro lugar, pelo número atômico do átomo que está ligado diretamente ao carbono quiral. Ao grupo (ou átomo) com maior número atômico, atribui-se o número de mais alta prioridade (1), ao grupo (ou átomo) com o número atômico imediatamente mais alto, dá-se o número seguinte (2), e assim por diante. Ao grupo de menor prioridade, atribui-se o número (4). Considera-se o átomo diretamente ligado ao carbono quiral.
- Quando uma indicação de prioridade não pode ser feita baseada no número atômico dos átomos diretamente unidos ao carbono quiral, então o próximo conjunto de átomos nos grupos é examinado, e este processo é aplicado sucessivamente até que se possa tomar uma decisão.
- Giramos a fórmula de tal forma que o grupo com o número de mais baixa prioridade fique dirigido em oposição a nós. Depois, traçamos um círculo, iniciando pelo grupo com o número 4, para o 3, para o 2. Se, à medida que fazemos isto, a direção do círculo é *horária*, o enantiômetro é designado R (latim *rectus* = direita). Se a direção é *anti-horária*, o enantiômetro é designado S (latim *sinistrus* = esquerda).

Para compostos contendo ligações múltiplas, uma regra adicional é necessária:
- Os grupos que contêm ligações duplas ou triplas recebem prioridade como se ambos os átomos fossem duplicados ou triplicados.

(R)- Fenilglicina   (S)- Fenilglicina

Fonte: Química Nova na Escola – Cadernos temáticos, nº 3, 2001, p.28.

Isomeria óptica em compostos sem a presença de carbono assimétrico

Há casos em que a molécula não possui átomo de carbono assimétrico, como ocorre nos alcadienos acumulados e nos compostos cíclicos, mas há indicação da existência de isômeros ópticos.

Os alcadienos acumulados são compostos que apresentam duas ligações duplas consecutivas entre átomos de carbono. Como nesse tipo de composto há ligações duplas entre átomos de carbono e os grupamentos ligantes desses são diferentes, a molécula não terá nenhum plano de simetria, ou seja, será assimétrica e, portanto, apresentará atividade óptica, possuindo um isômero dextrógiro, um isômero levógiro e, consequentemente, uma mistura racêmica.

$$\begin{array}{c}a\\b\end{array}\!\!C\!=\!C\!=\!C\!\begin{array}{c}c\\d\end{array}$$

com a ≠ b, c ≠ d

Considere como exemplo a molécula do composto 1,3 – dicloropropadieno, na qual identifica-se os grupos ligantes dos carbonos em um plano vertical (da folha) e em um horizontal (perpendicular à folha). A alternância da disposição espacial destes grupos determina a propriedade de desviar o plano da luz polarizada para a direita ou para a esquerda.

$$\underset{Cl}{\overset{H}{>}}C=C=C\underset{Cl}{\overset{H}{<}} \qquad \underset{H}{\overset{Cl}{>}}C=C=C\underset{Cl}{\overset{H}{<}}$$

$$\underset{Cl}{\overset{H}{>}}C=C=C\underset{Cl}{\overset{H}{<}}$$

1,3- dicloropropadieno dextrógiro
1,3- dicloropropadieno levógiro $\Big\}$ 1 mistura racêmica

Em compostos cíclicos como, por exemplo, o composto 1,2-dicloro-ciclopropano, têm-se as seguintes disposições:

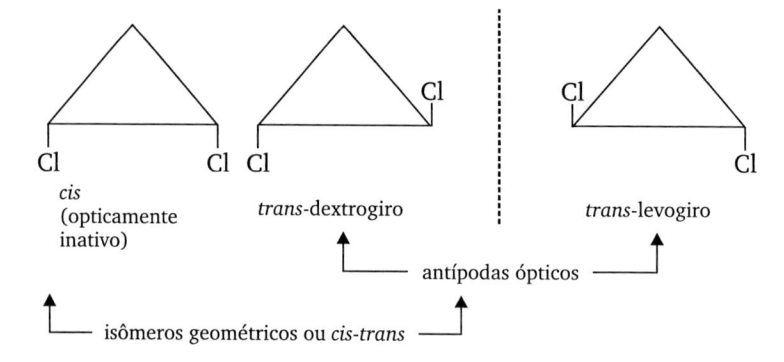

cis
(opticamente inativo)   *trans*-dextrogiro   *trans*-levogiro

⎿—— antípodas ópticos ——⏌

⎿—— isômeros geométricos ou *cis-trans* ——⏌

Podemos, resumidamente, salientar que o que temos estudado sobre isomeria óptica destacou a importância de ver-se a rotação da luz polarizada como uma propriedade física apresentada por moléculas quirais, o que permitiria a identificação dos isômeros opticamente ativos. A justificativa de fazer a diferenciação segundo esse critério se dá em função de não ser possível fazer essa diferenciação a partir da determinação de propriedades físicas, tais como ponto de fusão e de ebulição, densidade, índice de refração, solubilidade e outros, já que essas são idênticas para diferentes enantiômeros.

Um outro aspecto importante a salientar é que cada uma das moléculas de um par de enantiômeros pode exercer efeitos completamente diferentes em um organismo vivo, tal como indicamos com relação ao aspartame, enquanto sua forma (S,S)-aspartame possui sabor adocicado, a forma (R,R)-aspartame tem sabor amargo.

(R,R)- Aspartame   (S,S)- Aspartame

Além do aspartame, muitas outras substâncias têm como princípio ativo apenas uma das formas enantioméricas. Em alguns casos, apenas uma delas tem atividade fisiológica para o efeito a que se destina, mas contém o outro isômero que, além de não ter o efeito necessário, pode causar efeitos colaterais. Se voltarmos ao início do capítulo, podemos entender melhor a importância do trabalho dos pesquisadores ganhadores do Prêmio Nobel de Química em 2001. Sabedores da dificuldade em separar os isômeros em uma mistura racêmica, esses pesquisadores trabalharam no sentido de ter um maior controle das reações químicas para a obtenção apenas dos isômeros que têm a forma "benigna" da molécula, possibilitando a produção de medicamentos mais seguros.

Além dos isômeros espaciais ópticos, também os isômeros geométricos ou *cis-trans* podem apresentar como principal diferença entre as estruturas o efeito fisiológico ou terapêutico, como, por exemplo, a droga diaminodicloroplatino(II), utilizada para o tratamento de câncer. Sua molécula plana gera dois isômeros espaciais *cis-trans*, mas apenas o isômero *cis* é ativo contra o câncer, pois se une a um dos anéis da guanina do DNA, evitando que a molécula se divida; já o isômero *trans* também se une ao DNA, mas rompe rapidamente a ligação, perdendo sua eficácia.

$$\begin{array}{c} Cl \diagdown \diagup Cl \\ Pt \\ H_3N \diagup \diagdown NH_3 \end{array} \qquad \begin{array}{c} Cl \diagdown \diagup NH_3 \\ Pt \\ NH_3 \diagup \diagdown Cl \end{array}$$

isômero *cis*   isômero *trans*

Atividade experimental: construção de um polarímetro

O uso da luz polarizada para estudar substâncias opticamente ativas e enantiômeros, iniciou-se com Jean-Baptiste Biot e Louis Pasteur. Biot inventou um aparelho – o polarímetro – para observar o fenômeno que ocorria quando a luz polarizada atravessava um cristal de quartzo convenientemente cortado. Seu plano de polarização era rotacionado em um ângulo proporcional à espessura do cristal e foi constatado que não apenas os cristais ou líquidos puros causavam rotação, mas também algumas soluções, indicando que o fenômeno não se devia à estrutura cristalina ou a um arranjo especial do líquido, mas sim à estrutura molecular da substância em questão.

Hoje, sabemos ser possível observar a rotação da luz polarizada em soluções contendo alguns açúcares disponíveis no mercado, como é o caso da sacarose e da dextrose.

No experimento que segue, propõe-se a montagem de um polarímetro e a determinação da rotação da luz polarizada quando esta passa por uma solução contendo sacarose.

Materiais

- suporte universal;
- agarrador;
- erlenmeyer de 200mL;
- sacarose e dextrose;
- glicerina;
- água destilada;
- pequena balança;
- fonte de luz monocromática (pequenas lâmpadas coloridas de potência entre 20W e 40W) adaptadas em soquetes;
- proveta de 100 mL com base de vidro bem plano ou com a base plástica removível. (a proveta pode ser substituída por um cano de PVC de dimensões similares, fechado em uma das extremidades por uma placa de vidro com cola de silicone);
- 2 filtros polarizadores, de diâmetro superior ao da proveta (estes filtros podem ser encontrados em lojas de materiais fotográficos, podendo ser de 55 mm);
- fonte de luz branca, podendo ser uma lanterna ou um retroprojetor coberto com cartolina preta, com furo para passagem da luz.

Montagem do polarímetro

Monte o arranjo óptico conforme mostrado na Figura 3.3, mantendo os filtros polarizadores, inferior e superior, perpendiculares ao eixo da proveta e ao feixe de luz. Eles devem ser presos com o uso das garras, fixando-se seu anel, mas permitindo sua livre rotação. Use inicialmente uma fonte de luz monocromática. Prepare soluções de açúcar em água e glicerina em água (comece com cerca de 50% em massa).

Procedimentos

a) Com a proveta vazia e a lâmpada acesa, mantenha o filtro inferior em posição fixa e gire o filtro superior em torno de seu eixo perpendicular. Observe e anote o que acontece.
b) Ajuste o polarizador superior para que o brilho observado seja máximo.
c) Acrescente água destilada na proveta. Observe se ocorre algum efeito e anote.
d) Substitua a água por solução de glicerina. Gire o filtro superior, observe o que acontece e anote.
e) Prepare soluções de sacarose e dextrose com mesma concentração em massa. Utilize o mesmo volume de cada uma delas na proveta e verifique o ângulo de desvio da luz polarizada em cada caso.

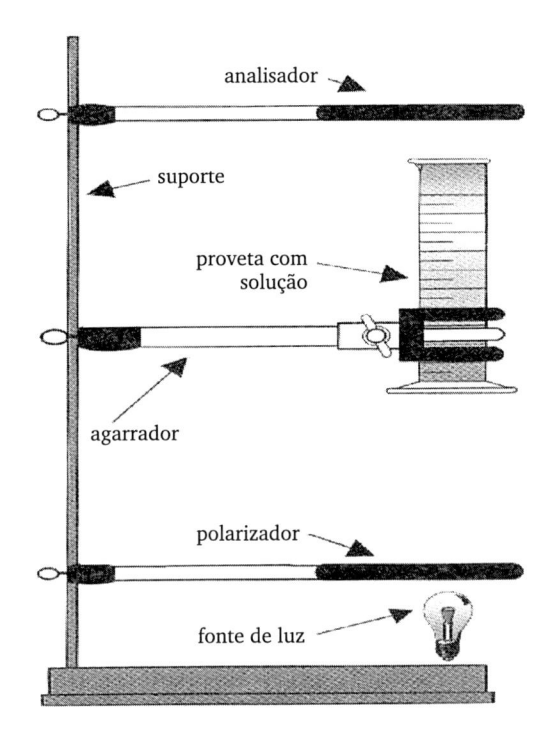

Figura 3.3 Arranjo experimental para observação da polarização da luz por diferentes soluções.

f) Prepare soluções de um dos açúcares em diferentes concentrações (por exemplo, 10, 30 e 50% de açúcar em água). Verifique em cada caso o efeito da concentração sobre o ângulo de rotação da luz.
g) Verifique o desvio da luz para um volume de 20 mL de uma das soluções e vá acrescentando alíquota de 20mL na proveta, medindo o desvio em cada caso.
h) Para uma única solução, substitua a lâmpada por outra, de outra cor, e verifique o desvio da luz.

Fonte: Química Nova na Escola, nº 21, 2005, p. 34-38.

ATIVIDADES

1. Com relação ao experimento, responda as seguintes questões:
   a) Ao trocar as soluções, o ângulo de rotação para manter o brilho máximo mudou. Qual a justificativa para a mudança?

b) Por que ocorre a mudança de cor observada no polarizador superior, quando trocamos a lâmpada?
2. As substâncias representadas abaixo admitem existência de isômeros opticamente ativos? Quais? Justifique.
   a) 2,2-dibromopropano
   b) 1-cloro-1-feniletano
   c) *cis*-1,2-dimetilciclobutano
3. Represente possíveis isômeros de posição e de cadeia para cada um dos compostos representados abaixo.

$HC_3—CH_2—HC=CH_2$ [ciclohexano-OH] $H_3C—CH_2—CH_2—Cl$

(I)   (II)   (III)

4. O ácido carboxílico representado por HOOC – CH = CH – COOH, teve seus isômeros: o ácido maleico (isômero *cis*) e o ácido fumárico (isômero *trans*), determinados experimentalmente em 1887.
O ácido fumárico pode ser encontrado em algumas balas que imitam o sabor de frutas ácidas com a indicação *acidulante HIV*.
Represente as fórmulas dos isômeros e indique o tipo de isomeria.
5. A adrenalina é um hormônio e neurotransmissor cuja fórmula estrutural é:

HO—C₆H₃(OH)—CH(OH)—CH₂—NH—CH₃

a) Existe a presença de carbonos quirais na estrutura?
b) Qual o número de isômeros opticamente ativos da adrenalina?
c) O que você pode prever com relação aos pontos de fusão e de ebulição, densidade, sentido de rotação da luz polarizada e efeitos fisiológicos dos isômeros da adrenalina?
6. Como podem ser denominadas as substâncias representadas a seguir?

$$\begin{array}{c}Cl\\H\end{array}C=C\begin{array}{c}Cl\\H\end{array} \qquad \begin{array}{c}Cl\\H\end{array}C=C\begin{array}{c}H\\Cl\end{array}$$

7. A frutose, representada pela fórmula que segue, contém carbonos quirais. A existência desses centros de assimetria determina a existência de isômeros opticamente ativos.

$$\begin{array}{c}\text{H}\phantom{-\text{C}-}\text{OH}\text{H}\phantom{-\text{C}-}\text{H}\text{H}\\\text{H}-\text{C}-\text{C}-\text{C}-\text{C}-\text{C}-\text{C}-\text{H}\\\text{OH}\text{O}\text{H}\phantom{-\text{C}-}\text{OH}\text{OH}\text{OH}\end{array}$$

Sobre a frutose, pergunta-se:
  a) Qual o número de carbonos quirais?
  b) Qual o tipo de isomeria existente nessa substância?
  c) Há isômeros opticamente inativos? Justifique.
7. A talidomida foi um medicamento utilizado nos anos de 1960 por gestantes para combater náuseas. Esse medicamento contém uma mistura de isômeros com efeitos fisiológicos diferentes. Sobre a talidomida, responda:
  a) Qual é sua fórmula estrutural?
  b) Justifique a existência de isômeros opticamente ativos em sua formulação.
  c) Quais os efeitos fisiológicos desse medicamento para as gestantes e para os bebês?
8. Faça uma pesquisa acerca das aplicações ou dos efeitos de isômeros espaciais em relação aos alimentos e aos medicamentos.

Parte **II**
REAÇÕES E PROPRIEDADES DE COMPOSTOS ORGÂNICOS

— capítulo — **4**

Combustíveis e produção de energia

IMPORTÂNCIA HISTÓRICA DAS REAÇÕES DE COMBUSTÃO

A utilização do fogo, da luz e do calor do sol como forma de obter energia tem sido, desde o início dos tempos, uma prática da humanidade. O homem primitivo queimava madeira para produzir luz e calor e, mesmo sem dominar a técnica para a produção de fogo, é possível que tivesse se valido de incêndios provocados por raios ou por lava incandescente de algum vulcão para dar início à chama que, uma vez iniciada, era vigiada e alimentada para manter-se.

O fato de o fogo ter sido responsável pelos feitos hoje associados ao desenvolvimento tecnológico, como a produção de cerâmica, a fundição de metais e o cozimento dos alimentos, fez desse uma fonte inesgotável de produção de conhecimentos que atravessa séculos e séculos de estudos e pesquisas. Na química, a combustão sempre foi assunto relevante, tanto que a ligação do fogo com combustão, calor e energia é tão perene que o triângulo, símbolo usado pelos alquimistas para o elemento fogo, permanece, ainda hoje, como indicação de aquecimento em reações químicas.

As reações de combustão, ao longo dos tempos, sempre ocuparam um papel fundamental nos estudos das ciências, mas os estudos de Lavoisier sobre essas reações químicas foram determinantes para o desenvolvimento científico-tecnológico. Isso porque a combustão era explicada, até então, de forma mítica e mágica, o que fazia os sujeitos aceitarem o fenômeno sem buscar explicações de outra natureza que não a existência de "forças" e "vontades" das substâncias em queimar. Assim, a falta de entendimento mais preciso sobre o processo de "queima" fez Lavoisier se voltar para a observação dos materiais submetidos à combustão/calcinação na tentativa de tentar compreender quimicamente o fenômeno. Há em seus estudos sobre as reações químicas o "acompanhamento" e o registro das transformações dos materiais (nível macroscópico e concreto) que desencadeou buscas de explicações (desenvolvimento de teorias e modelos) para essas transformações.

(Continua)

(Continuação)

Com relação aos estudos de Lavoisier sobre as reações de combustão, não há dúvida de que há séculos a importância do ar no fenômeno da combustão já era reconhecida e, mesmo que de forma intuitiva, havia o entendimento da relação entre a respiração, a combustão e as diferentes formas de "queima" que correspondem à calcinação ou a outras reações hoje enquadradas como oxidações.

A "teoria do oxigênio" proposta por Lavoisier, tendo o oxigênio como papel central na combustão, foi apresentada a partir da execução sistemática de experimentos e do aproveitamento de descobertas de terceiros, com o objetivo de abandonar a teoria do flogístico. O flogístico era tido como existente nos metais e nas substâncias combustíveis, sendo o responsável pela combustão e, posteriormente, sendo liberado na combustão e na calcinação. A substituição do flogístico pela Teoria de Lavoisier (após a descoberta do oxigênio) foi o que possibilitou, entre outras, o início das investigações quantitativas em Química.

Combustão e energia

O processo de medir as energias envolvidas em uma reação química é denominado calorimetria e está relacionado com a unidade de calor: a caloria. Entende-se por caloria (cal) a quantidade de energia necessária para elevar a temperatura de 14,5 até 15,5°C de 1g de água ao nível do mar. O sistema internacional utiliza a unidade joule (J), onde 1 cal é igual a 4,18J.

A quantidade de energia (por mol) fornecida pela combustão de um combustível (por exemplo, o álcool etílico) pode ser calculada, considerando que:

a) a energia liberada na combustão do álcool etílico pode ser absorvida por certa quantidade de água;
b) a energia liberada na combustão é igual à energia absorvida pela água, quando aquecida;
c) a energia absorvida pela água pode ser calculada pela expressão:

$$\Delta E = m.c. \Delta t$$

onde:

ΔE = energia absorvida pela água
m = massa de água
c = calor específico* da água (1,0 cal/g°C)
Δt = variação da temperatura da água

* calor específico de uma substância é a quantidade de energia necessária para elevar de 1°C a temperatura de 1g de substância. No caso da água, c= 1,0 cal/g°C ou 4,18J/g°C.

Reações de combustão

Atividade experimental: reação de combustão do etanol

No experimento descrito abaixo, pode-se calcular a quantidade de energia (por mol) fornecida pela combustão de álcool etílico em uma lamparina e, depois, compará-la com energias de combustão de diferentes combustíveis (Tabela 4.2).

Reação de combustão do etanol:

$$C_2H_5OH_{(l)} + 3O_{2(g)} \rightarrow 2CO_{2(g)} + 3H_2O_{(v)} + \text{energia}$$

Materiais

1 lamparina com álcool
1 suporte
20 cm de arame grosso
1 lata de 250 – 500 mL (ver Figura 4.1)
1 termômetro
1 anel
1 bastão de vidro
1 balança

Procedimentos

a) Determine a massa da lamparina com álcool.
b) Meça 250mL de água e transfira para a lata pequena.
   Calcule a massa de água transferida.
   Determine a temperatura da água.
c) Faça a montagem indicada na figura a seguir:

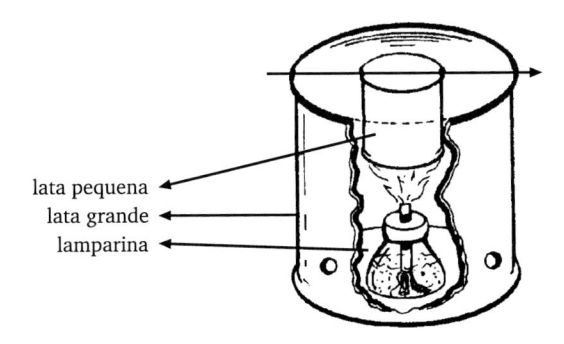

Figura 4.1 Esquema para montagem do experimento.

d) Acenda a lamparina e agite a água continuamente com o bastão de vidro para uniformizar a temperatura. Periodicamente, verifique a temperatura da água com auxílio de um termômetro, tendo o cuidado de não encostar o termômetro no fundo ou nas paredes da lata.
Cuidado: Aquecimento sendo produzido pela queima do álcool.
e) Apague a lamparina quando a temperatura da água tiver um aumento de cerca de 30°C, em relação à temperatura inicial. Anote a temperatura final da água.
f) Deixe a lamparina esfriar e determine sua massa novamente. Preencha o quadro abaixo

	Antes da queima	Após a queima
Massa da lamparina com álcool		
Massa de água		
Temperatura		

Fonte: Maldaner, O. A., 1993, p. 66-68.

ATIVIDADES

1. Calcule a energia absorvida pela amostra de água, em caloria e em joule.
2. Na queima de 1 mol de álcool etílico, qual a energia, em caloria e em joule, que será liberada, segundo os dados obtidos?
3. Pela literatura, encontramos que na queima de 1 mol de etanol, ocorre a liberação de 1,40 x 10^3 kJ (3,27 x 10^2 kcal). O valor encontrado na prática coincide com a literatura? A energia armazenada pelo álcool foi totalmente transferida para a água? Justifique.
4. Para ocorrer a liberação de 5,0 x 10^8 kJ, na queima de álcool etílico, qual a quantidade de álcool, em gramas e em mols, que deveria ser queimado? E qual seria a quantidade de oxigênio expressa em massa?
5. Calcule a energia liberada na combustão do etanol utilizando as energias de ligação apresentadas na Tabela 4.1.
6. Compare o valor calculado com o calor de combustão do etanol apresentado na Tabela 4.2.

TABELA 4.1
Energias de ligação

Tipo de Ligação	Energia de Ligação (kJ/mol)
C–C	347
C=C	612
C–H	413
C–O	336
C=O	805
O=O	498
H–O	464
O–O	144
H–H	436

Fonte: Ellis, H. e colaboradores 2003, p. 51.

TABELA 4.2
Energias de combustão de diferentes combustíveis

Combustível	Fórmula do combustível (*principal componente)	Energia de combustão* em kcal/mol	Energia de combustão* em kJ/mol
GNV	*CH_4 +C_2H_6+ C_3H_8	-212,51	-888,30
GLP	*C_4H_{10} + C_3H_8	-688,42	-2877,6
Gasolina	*C_8H_{18}	-1308,85	-5471,00
Éter de Petróleo	*$C_{10}H_{22}$	-1632,21	-6822,64
Etanol	*C_2H_6O	-327,00	-1368,00

Fonte: *Handbook of Chemistry and Physics*- Weast- 70th edition, 1989-1990.

Representação das reações de combustão de compostos orgânicos

Quando acendemos um isqueiro comum, a faísca provoca a reação do combustível (mistura de hidrocarbonetos, sendo o butano o principal componente) com oxigênio do ar, resultando na chama característica, com produção de gás carbônico e vapor d'água.

$$2\ C_4H_{10(g)} + 13\ O_{2(g)} \rightarrow 8\ CO_{2(g)} + 10\ H_2O_{(v)} + \text{energia}$$

De modo semelhante, isso ocorre quando acendemos a chama de um fogão a gás ou quando "queimamos" gasolina ou óleo diesel para movimentar um veículo. Notamos que, nesses casos, o "produto" principal é energia produzida pela reação.

A reação de combustão é uma reação de oxirredução, na qual o combustível é o redutor e o oxigênio do ar (comburente) é o oxidante. É importante considerar o efeito da quantidade de oxigênio na mistura com o combustível no momento da queima. Vejamos isso nos exemplos que seguem:

a- $2\ C_4H_{10(g)} + 13\ O_{2(g)} \rightarrow 8\ CO_{2(g)} + 10\ H_2O_{(v)}$ $\Delta H = -5818{,}58 KJ/mol$
b- $2\ C_4H_{10(g)} + 9\ O_{2(g)} \rightarrow 8\ CO_{(g)} + 10\ H_2O_{(v)}$ $\Delta H = -3554{,}74 KJ/mol$
c- $2\ C_4H_{10(g)} + 5\ O_{2(g)} \rightarrow 8\ C_{(g)} + 10\ H_2O_{(v)}$ $\Delta H = -2670{,}50 KJ/mol$

Observamos que à medida que diminui a quantidade de oxigênio consumido na reação, a quantidade de energia produzida também diminui. Pode-se considerar a reação representada em **(a)**, como de combustão total ou completa, com produção de dióxido de carbono (CO_2) e vapor d'água (H_2O). Em **(b)** e em **(c)**, as combustões são parciais ou incompletas, cujos produtos são, além do dióxido de carbono e do vapor d'água, monóxido de carbono (CO) e fuligem (C).

Em um automóvel com o motor bem regulado, poderia se esperar ocorrência de combustão total, com produção apenas de CO_2 e H_2O, mas não é o que acontece na prática – sempre há produção de outros gases, entre eles, o monóxido de carbono (gás tóxico). Com o motor do automotivo desregulado (com entrada insuficiente de ar), essa quantidade de CO passa a ser maior, pois a combustão parcial libera maior quantidade de CO na atmosfera. No caso de veículos que utilizam óleo diesel, como os ônibus e caminhões, ocorre combustão incompleta com produção de fuligem, sob forma de fumaça escura.

Petróleo como fonte energética

Combustão de petróleo e seus derivados como fonte de energia

Até o ano 1200, a madeira era a principal fonte de energia, o combustível gerador de calor e de luz. Mas, no século XIV, com a invenção do alto forno, o carvão vegetal passou a ser mais utilizado, devido a sua maior eficiência.

No século XVII, com o surgimento da primeira máquina a vapor, o carvão mineral passou a ser o combustível mais utilizado.

Embora fosse conhecido desde a Antiguidade, o petróleo era pouco utilizado como combustível, pois não havia tecnologia para realizar sua extração do solo. A partir da exploração do petróleo, com a perfuração dos primeiros poços na Califórnia/EUA, o petróleo começou a ser utilizado na iluminação pública.

(Continua)

(Continuação)

Atualmente, a queima dos derivados de petróleo – GLP, gasolina, querosene, óleo diesel, óleo combustível – é, ainda, a principal alternativa energética. Embora o álcool e o gás natural estejam sendo utilizados para o abastecimento de automotivos, a geração de energia para o movimento de carros, ônibus, caminhões e aviões têm como principal fonte o petróleo. Além disso, as indústrias utilizam em larga escala os óleos combustíveis e os lubrificantes em seus processos industriais.

Queima de combustíveis e poluição atmosférica

Os gases poluentes lançados pelos canos de descarga de veículos automotivos e também pelas chaminés das fábricas são produtos de reações de combustão que, ao produzirem energia, produzem, também, produtos indesejáveis, como os óxidos de carbono (CO e CO_2), o dióxido de enxofre (SO_2), os óxidos de nitrogênio (NO, NO_2, N_2O), entre outros.

Há uma preocupação geral na criação de alternativas para a substituição de combustíveis fósseis – como o petróleo, o carvão e o gás natural – por outras formas de energia que não contribuam para o efeito estufa (propriedade que determinados gases têm de armazenar o calor do sol na atmosfera).

Os gases que se acumulam na atmosfera como resultado da atividade industrial e do crescimento urbano têm sido apontados como os principais responsáveis pelo aumento da temperatura na superfície terrestre.

Fonte: *Revista Superinteressante*, 02/1990, p. 54-58.

ATIVIDADES

1. Quais são as vantagens e as desvantagens em utilizar derivados de petróleo como combustíveis? Quais são as alternativas de substituição desses combustíveis?
2. Na Tabela 4.2 estão relacionados alguns combustíveis e seus valores de energia de combustão por mol de seu principal componente.
   Qual desses combustíveis libera maior energia por grama de combustível queimado?
3. Considerando a estequiometria das reações de combustão completa dos diferentes combustíveis, compare-os com relação à quantidade de CO_2 liberado por mol de combustível queimado. Considere o principal componente de cada combustível (ver Tabela 4.2).
4. Analisando a quantidade de contaminantes liberados por diferentes combustíveis (Tabela 4.3) é possível fazer uma relação entre o combustível e a liberação de contaminantes na atmosfera? Faça a comparação e indique vantagens e desvantagens do uso dos combustíveis apresentados na Tabela 4.3.

TABELA 4.3
Combustíveis e seu impacto ambiental

	Monóxido de carbono (CO)	Hidrocar-bonetos (C_nH_n)	Óxidos Nitrosos (N_mO_n)	Enxofre (S)	Fuligem (C)
Gasolina	27,7	2,7	1,2	0,22	0,21
Álcool16,7	1,9	1,2	0	0	
Diesel17,8	2,9	13,0	2,72	0,81	
Gás Natural	6,0	0,7	1,1	0	0

Fonte: Del Pino, J. C., 1997, p 25.

5. Faça uma breve síntese caracterizando os seguintes fenômenos:
   a) efeito estufa
   b) destruição da camada de ozônio
   c) chuva ácida
6. Sabe-se que a gasolina, um combustível automotivo, é uma mistura de vários hidrocarbonetos, consideremos o isooctano (C_8H_{18}) o principal componente, cuja densidade é 0,68g/mL. Outro combustível bastante utilizado é o álcool, etanol de fórmula molecular C_2H_6O e densidade 0,79g/mL.

Considerando que as reações de combustão dos combustíveis sejam completas (formando como produtos apenas CO_2 e H_2O), utilize as informações da Tabela 4.4 para calcular o rendimento econômico dos dois combustíveis em KJ/Real.

Para fins de cálculo das energias de combustão, utiliza-se a diferença entre os valores de entalpia de formação (H_f) dos produtos e dos reagentes, conforme equação:

$$\Delta H_{comb} = \Delta H_p - \Delta H_r$$

TABELA 4.4
Entalpia de combustão

Substâncias	C_8H_{18}	C_2H_6O	CO_2	H_2O
H_f (kJ/mol)	-209,0	-277,3	-393,0	-241,6

7. Sugestão de roteiro para proposta de trabalho de pesquisa sobre combustíveis.
   a) Assuntos:
      – recursos energéticos: fontes renováveis e não renováveis, implicações sociais na exploração, no tratamento e na comercialização dos produtos, importância para a economia dos países produtores e importadores do petróleo e de seus derivados;
      – combustíveis: derivados de petróleo (gasolina, querosene, óleo diesel, GLP – gás de cozinha); álcoois (metanol e etanol); gás natural; carvão e xisto;
      – composição química;
      – processo de obtenção;
      – propriedades físico-químicas;
      – aplicações;
      – meio ambiente: queima de combustíveis e poluição atmosférica (principais poluentes e seus efeitos), degradação ambiental pela exploração dos recursos, acidentes ambientais causados pela utilização de fontes energéticas.
   b) Sistematização e apresentação do trabalho:
      – Conter dados atuais e compor um texto coerente e consistente teoricamente. A pesquisa poderia ser desenvolvida em livros, revistas, jornais, *folders*, matérias da mídia e entrevistas com profissionais.
      – Apresentação e discussão dos "resultados" do trabalho em seminário ou em outra forma de socialização.

— capítulo — **5**

Fermentação e oxidação de compostos orgânicos

REAÇÕES DE OXIDAÇÃO

Compreendendo as reações de oxidação de álcoois

A ação de deixar o vinho azedar, transformando-o em vinagre, é uma prática que se realiza desde a Antiguidade. Na reação, o etanol reage com o O_2 transformando-se em ácido acético, justificando a relação histórica entre o termo "oxidação" e "reação com o oxigênio".

$$CH_3-CH_2-OH + O_2 \longrightarrow CH_3-C(=O)-OH + H_2O$$

Etanol (vinho) → Ácido acético (vinagre)

Nessa reação, o O_2 atua como oxidante, resultando na oxidação do álcool. Sabe-se, hoje, que as reações de oxidação (sempre simultâneas aos processos de redução) podem ocorrer mediante a presença de outros oxidantes, que não o oxigênio, como, por exemplo, o permanganato de potássio e o dicromato de potássio em meio ácido. Assim, o termo oxidação deixa de estar associado apenas às reações com oxigênio e passa a ser associado às variações do estado de oxidação da espécie química envolvida na reação, como pode ser evidenciado na reação com permanganato de potássio representada abaixo.

$$MnO_4^-{}_{(aq)} + 8H^+{}_{(aq)} + 5\bar{e} \rightleftharpoons Mn^{+2}{}_{(aq)} + 4H_2O_{(l)}$$

A representação da reação de oxidação do etanol a ácido acético pode ser representada por:

$$R-CH_2-OH + MnO_{4(aq)}^{-1} + 6H_{(aq)}^{+} \longrightarrow R-\overset{\overset{O}{\|}}{C}-OH + MnO_{(aq)}^{2+} + 3H_2O$$

O ácido acético é o produto mais conhecido da oxidação do etanol, mas esse álcool, quando oxidado por organismos vivos, pode produzir outros produtos. É o caso da oxidação do etanol a aldeído (etanal ou acetaldeído) catalisada por uma enzima, a *desidrogenase do álcool*.

$$CH_3\diagdown_{CH_2}\diagup^{OH} \rightleftharpoons CH_3-\underset{H}{\overset{}{C}}\diagup^{O} + H_2$$

Além dos álcoois, são comuns reações de oxidação em alcenos e em aldeídos. Com relação aos álcoois, sua oxidação implica a perda de um ou mais hidrogênios do carbono a que está ligado o grupo –OH. Os álcoois podem ser oxidados por vários agentes oxidantes, o etanol, por exemplo, reage com uma solução ácida de dicromato de potássio, formando um aldeído, e esse, continuando em presença de oxidante, pode ser oxidado a ácido carboxílico. A espécie resultante da oxidação de um álcool depende do número de hidrogênios que o álcool contiver no carbono onde está ligada a hidroxila; assim, álcoois primários, secundários e terciários comportam-se diferentemente frente a agentes oxidantes.

Oxidação de álcool primário

Álcool (Etanol) → oxidação → Aldeído (Etanal/Acetaldeído) → oxidação → Ácido carboxílico (Ác. etanoico/ Ác. acético)

Oxidação de álcool secundário

$$CH_3-\overset{0}{\underset{OH}{CH}}-CH_3 \xrightarrow[\text{[O]}]{KMnO_4} \underset{+2}{CH_3-\overset{O}{\underset{}{C}}-CH_3} \xrightarrow[\text{[O]}]{KMnO_4} \text{Não oxida}$$

Álcool secundário   oxidação   Cetona
(propanol-2)   (propanona)

Não oxidação de álcool terciário

$$CH_3-\underset{CH_3}{\overset{OH}{\underset{|+1}{C}}}-CH_3 \longrightarrow \text{Não oxida}$$

Álcool terciário
(metil-propanol-2)

Atividade experimental: princípio de funcionamento do bafômetro

O bafômetro registra o teor de álcool no sangue mediante a análise do ar exalado na respiração. O experimento permite a determinação dos teores alcoólicos em algumas bebidas e tem o objetivo de demonstrar o princípio químico de funcionamento do bafômetro.

No experimento, a detecção do teor de álcool é feita pela visualização da cor da solução, já que o princípio de funcionamento do bafômetro se baseia em uma reação de oxirredução, na qual há oxidação do álcool (CH_3-CH_2-OH), com formação de aldeído (CH_3-CHO), e redução do dicromato ($Cr_2O_7^{2-}{}_{(aq)}$, solução de cor amarelo-alaranjada), com formação de $Cr^{3+}{}_{(aq)}$ (solução de cor verde) ou mesmo $Cr^{2+}{}_{(aq)}$ (solução de cor azul). Portanto, pela mudança de coloração, de alaranjado (dicromato, $Cr^{6+}{}_{(aq)}$) para verde-azulada ($Cr^{3+}{}_{(aq)}$ e $Cr^{2+}{}_{(aq)}$), pode-se determinar a quantidade de álcool que foi oxidado.

Os bafômetros portáteis são os mais simples, são descartáveis e consistem em pequenos tubos contendo uma mistura sólida de solução aquosa de dicromato de potássio e sílica, umedecida com ácido sulfúrico. Estes são preparados e calibrados apenas para indicar se a pessoa está abaixo ou acima do limite legal de álcool no sangue. São equações que representam a reação química do bafômetro portátil as que seguem:

Equações da reação química do bafômetro portátil
Equação completa

$$K_2Cr_2O_{7(aq)} + 4H_2SO_{4(aq)} + 3CH_3CH_2OH_{(v)} \longrightarrow Cr_2(SO_4)_{3(aq)} + 7H_2O_{(l)} + 3CH_3CHO_{(aq)} + K_2SO_{4(aq)}$$

alaranjado   verde   incolor   incolor

Equação na forma iônica

$$Cr_2O_7^{-2}{}_{(aq)} + 4H_{(aq)} + 3CH_3CH_2OH_{(v)} \longrightarrow 2Cr^{+3}_{(aq)} + 3CH_3CHO_{(aq)} + 7H_2O_{(l)}$$

Materiais

- 4 balões de aniversário de cores diferentes;
- 4 pedaços de tubo plástico transparente (diâmetro externo de aproximadamente 1 cm ou 3/8 de polegada) de 10cm de comprimento;
- 2 tabletes de giz escolar branco;
- 4 rolhas para tapar os tubos ou filme de pvc transparente;
- 1 palito de picolé;
- algodão;
- solução ácida de dicromato de potássio preparada da seguinte maneira: a 40mL de água adicione lentamente 10 mL de ácido sulfúrico comercial concentrado e 1g de dicromato de potássio.

Cuidado: Ao preparar esta solução utilize capela. A mistura é fortemente oxidante, podendo ocasionar queimaduras na pele pelos agentes químicos.

Procedimentos

a) Quebre o giz em pedaços pequenos (evite que o pó de giz se misture aos fragmentos).
b) Coloque os fragmentos de giz em um recipiente e, a seguir, umedeça-os com a solução de dicromato, de maneira que fiquem úmidos, e não encharcados.
c) Com auxílio de um palito, misture os fragmentos de giz colorido pela solução de forma que o material fique com uma cor homogênea.
d) Coloque um pedaço pequeno de algodão em cada um dos quatro tubos, conforme a Figura 5.1, e depois coloque as rolhas ou o filme de pvc do lado em que se coloca o chumaço de algodão.
e) A seguir, coloque mais ou menos a mesma quantidade de fragmentos de giz nos quatro tubos.
f) Coloque 0,5mL (cerca de 10 gotas) de aguardente no balão nº2, 0,5mL de vinho no balão nº3, 0,5mL de cerveja no balão nº4; no balão nº 1 não coloque nada, pois esse será usado como padrão, para comparação de cores.
g) Encha os quatro balões com mais ou menos as mesmas quantidades de ar (quem encher os balões não deve ter consumido bebidas alcoólicas recentemente).

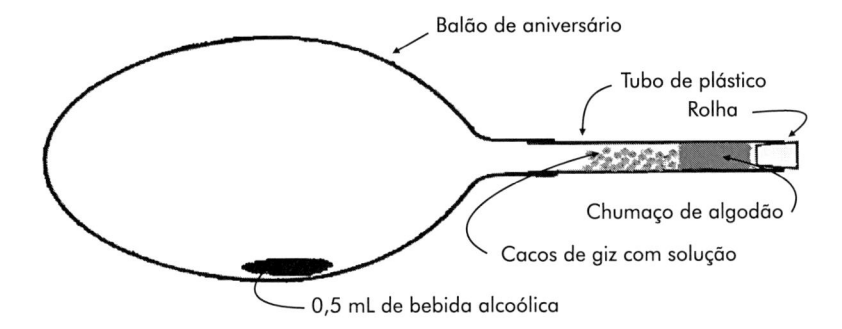

Figura 5.1 Esquema para montagem de experimento.
Fonte: Química Nova na Escola, nº 5, 1997, p. 32-33.

h) Coloque os balões nos tubos previamente preparados, girando a saída do balão para facilitar a entrada no tubo e para não perder a quantidade de ar expirado para dentro do balão, como mostra a Figura 5.1.
i) Começando pelo balão nº 1, solte o ar vagarosamente, mantendo o equipamento na horizontal, retirando a rolha. Proceda da mesma forma com os balões restantes. Espere o ar escoar dos balões e compare a alteração da cor nos quatro tubos.
j) A seguir, ordene os tubos 2 a 4 em função da intensidade de mudança de cor (alaranjado para azulado).

ATIVIDADES

1. Sobre o experimento, responda:
   a) Qual é a função do balão nº 1, contendo somente ar?
   b) O giz participa da reação?
   c) Em vez de giz, que outro material poderia ser usado?
   d) O algodão se prestaria à função do giz? Faça um teste colocando uma gota da solução de dicromato em um pequeno pedaço de algodão e discuta com o professor uma possível explicação para o observado.
   e) Com base nos resultados obtidos, classifique a cerveja, a aguardente e o vinho por ordem decrescente de teor alcoólico.
   f) Por que os cacos de giz, depois de preparados, não devem ser guardados para uso posterior?
2. Em um experimento são colocados em três tubos de ensaio, álcoois isômeros de fórmula $C_4H_{10}O$. Adiciona-se a cada tubo, solução de $KMnO_4$. Ocorre mudança de cor em todos os tubos de ensaio? Justifique.

3. Sugestão de roteiro para proposta de trabalho de pesquisa sobre bebidas alcoólicas:
   a) Assuntos
      – legislação sobre o consumo de bebidas alcóolicas pelos motoristas;
      – diferença entre bebidas fermentadas destiladas e fermentadas não destiladas;
      – aparelhos de detecção de dosagem alcóolica;
      – efeitos do uso abusivo de álcool no organismo.
   b) Sistematização e apresentação do trabalho
      – conter dados atuais e compor um texto coerente e consistente teoricamente. A pesquisa pode ser desenvolvida em livros, revistas, jornais, matérias da mídia e entrevistas com profissionais;
      – apresentação e discussão dos "resultados" do trabalho em seminário ou em outra forma de socialização.

Reações de fermentação

Compreendendo processos de fermentação na produção de bebidas alcoólicas

Os processos de fermentação já eram utilizados pelo homem há cerca de 10 mil anos, sendo que muitas bebidas foram fabricadas pelos antigos egípcios, germanos e israelitas.

O etanol ou álcool etílico é o componente alcoólico das bebidas, podendo ser obtido pela fermentação de açúcares ou de cereais. De acordo com a matéria-prima utilizada para a fermentação, podemos ter diferentes tipos de bebidas alcoólicas como, por exemplo, a cerveja, o vinho, a cachaça e o uísque, entre outras.

As bebidas alcoólicas podem ser classificadas em fermentadas não destiladas e fermentadas destiladas.

As **bebidas fermentadas e não destiladas** têm teor alcoólico menor do que as destiladas, sendo comum encontrar nos rótulos das bebidas o teor alcoólico expresso em °GL (grau Gay-Lussac), essa escala indica a percentagem (em volume) de etanol na bebida. A cerveja (bebida não destilada), por exemplo, contém uma percentagem de etanol que varia de 4 a 6 °GL, enquanto o vinho contém de 8 a 12 °GL.

As **bebidas destiladas** passam por um processo, após a fermentação, que consiste em tornar as bebidas de fraco teor alcoólico em líquidos de graduação alcoólica mais elevada, já que, após o processo de destilação, a quantidade de álcool é maior no líquido destilado.

A palavra destilação deriva do verbo latino *destillaire*, que significa gotejar ou pingar, e é precisamente assim, em pequenas quantidades, que o líquido (álcool) é obtido pelo processo de destilação. A destilação é um processo bastante comum em algumas indústrias e consiste em promover a vaporização das substâncias para, em seguida, condensá-las, recolhendo a substância mais pura em outro recipiente.

Assim, as bebidas destiladas contêm um teor alcoólico mais elevado do que as não destiladas. A cachaça, por exemplo, tem teor alcoólico que varia de 38 a 45 ºGL e o uísque, de 42 a 48 ºGL. No esquema que segue, são apresentados alguns tipos de bebidas.

Não fermentadas: alguns licores (misturas de água e álcool, que contêm açúcar, corantes e essências)

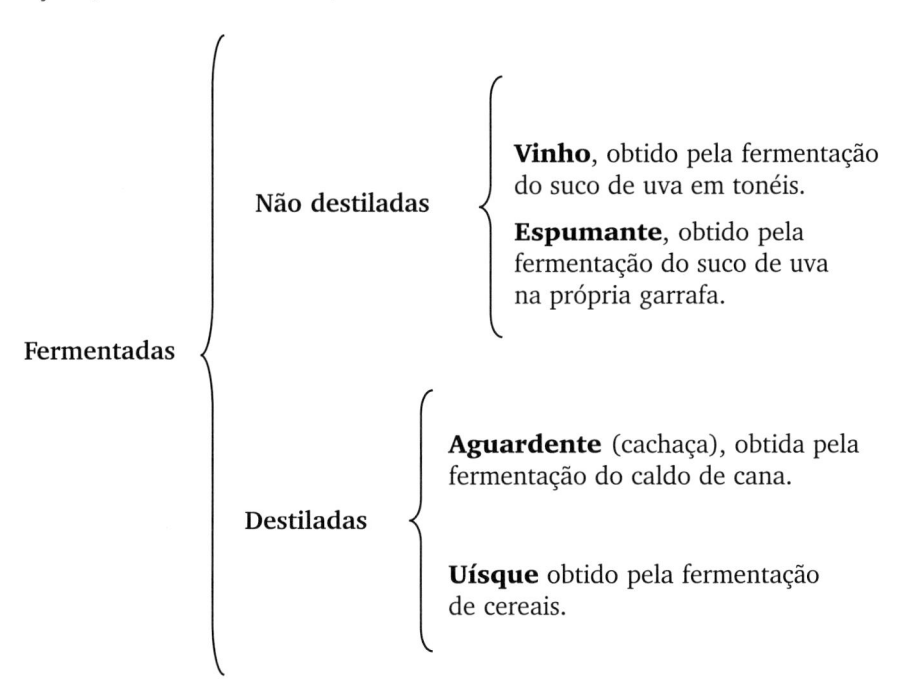

Fermentadas
- **Não destiladas**
  - **Vinho**, obtido pela fermentação do suco de uva em tonéis.
  - **Espumante**, obtido pela fermentação do suco de uva na própria garrafa.
- **Destiladas**
  - **Aguardente** (cachaça), obtida pela fermentação do caldo de cana.
  - **Uísque** obtido pela fermentação de cereais.

A qualidade da bebida (sabor, perfume, buquê) depende da qualidade da matéria-prima (uvas, cereais, cevada), dos cuidados na fabricação, do tempo e da forma de armazenagem, entre outros fatores.

No Brasil, o álcool é obtido principalmente por fermentação do açúcar de cana. Em outros países, usa-se com mais frequência matérias-primas como a beterraba, o milho, o arroz, e, por isso, recebe o nome "álcool de cereais".

Esquematicamente, o processo de extração e de fermentação do caldo de cana-de-açúcar, usado no Brasil, é o seguinte:

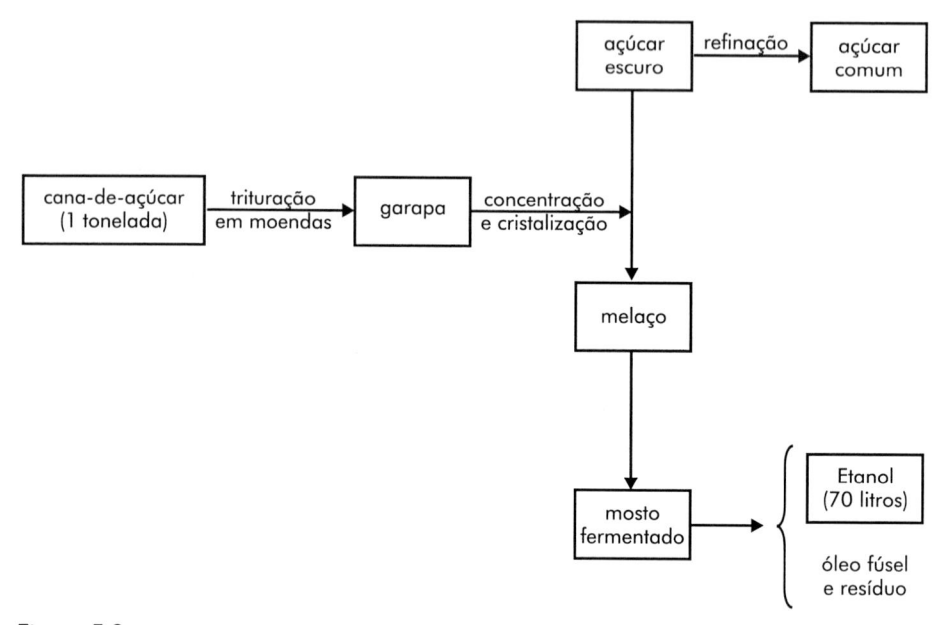

```
cana-de-açúcar  →trituração→  garapa  →concentração→  açúcar escuro  →refinação→  açúcar comum
(1 tonelada)     em moendas            e cristalização
                                              ↓
                                           melaço
                                              ↓
                                      mosto fermentado  →  { Etanol (70 litros)
                                                            { óleo fúsel e resíduo
```

Figura 5.2 Processo de extração e de fermentação do caldo de cana-de-açúcar usado no Brasil.

* Na fermentação do melaço há ocorrência de reações bioquímicas como as representadas a seguir:

$$C_{12}H_{22}O_{11(aq)} + H_2SO_{(l)} \xrightarrow{\text{invertase}} C_6H_{12}O_{6(aq)} + C_6H_{12}O_{6(aq)}$$

sacarose   glicose   frutose
(açúcar de cana)

$$C_6H_{12}O_{6(aq)} \xrightarrow{\text{zimase}} 2C_2H_5OH_{(l)} + 2CO_{2(g)}$$

glicose   etanol   gás
ou frutose   carbônico

A invertase e a zimase são enzimas que catalisam essas reações, e são produzidas pelo microrganismo *Saccharomyces cerevisae*, encontrado no fermento ou na levedura de cerveja.

Atividade experimental: fermentação alcoólica

Embora sabendo que a fermentação alcoólica na produção industrial detenha uma tecnologia mais elaborada, o experimento será utilizado para, de modo simplificado, dar uma ideia do processo básico para produção de bebidas alcoólicas.

Materiais

1 erlenmeyer 100 mL
tubo de vidro em L
bastão de vidro
vidro de relógio
1 tubo de ensaio médio
1 rolha
açúcar (sacarose), maçã, caldo de cana
tubo de látex (borracha)
água de cal (solução aquosa saturada de $Ca(OH)_2$)
1 béquer de 100mL ou estante para tubos de ensaios

Procedimentos

a) Para a execução do experimento, deve-se proceder à montagem do sistema ilustrado na Figura 5.3.
b) No erlenmeyer, deverão ser colocados aproximadamente 25mL de solução aquosa de açúcar, ou suco de maçã ou caldo de cana.
c) No vidro de relógio, colocar 3 colheres rasas e 10 gotas de água. Com auxílio do bastão de vidro, triturar até formar uma pasta.

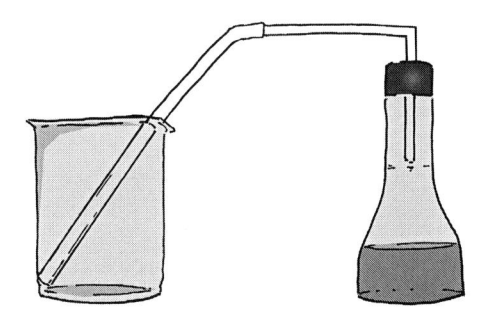

Figura 5.3 Processo de extração e fermentação do caldo de cana-de-açúcar, usado no Brasil.
Fonte: Cruz, R., 1995, p 34.
Química Nova na Escola, n. 10, 1999, p 50-51.

d) Coloque essa pasta no erlenmeyer, fechando o recipiente com a rolha contendo o vidro em L e agitar levemente a mistura.
e) O tubo de ensaio deve ter 5mL da solução aquosa saturada de hidróxido de cálcio, $Ca(OH)_2$. Utilize béquer ou estante para apoiar o tubo de ensaio.
f) O sistema deve permanecer em repouso por um período de tempo de, no mínimo, quatro horas.

ATIVIDADES

1. Além dos diferentes tipos de açúcares, qual outro fator pode afetar a intensidade da fermentação?
2. Qual o gás que, em contato com a água de cal, produz um precipitado, turvando-a?
3. Que composto orgânico é indispensável em uma matéria-prima para que ocorra a fermentação alcoólica?
4. O sal de cozinha poderia substituir o açúcar na fermentação alcoólica? Faça um teste.

Fermentação, respiração e ATP

Tal como a gasolina, que explode nos cilindros de um motor de carro, a glicose é o combustível queimado no interior das células para a liberação da energia necessária a suas diversas atividades. É nela, na célula, que o alimento é digerido, produzindo a energia necessária para suprir continuamente nosso corpo. Estas reações são extremamente rápidas. A energia se encontra nas ligações químicas que mantêm as moléculas (de gasolina ou glicose) organizadas, ou seja, a obtenção dessa energia se dá pela degradação de moléculas complexas em outras menores ou mais simples. A principal diferença entre os processos de respiração e de fermentação é a presença (respiração) ou ausência (fermentação) do oxigênio no processo.

Compare as equações que se seguem:

Respiração: $C_6H_{12}O_{6(aq)} + 6O_{2(g)} \rightarrow 6CO_{2(g)} + 6H_2O_{(l)} + energia$
Fermentação alcoólica: $C_6H_{12}O_{6(aq)} \rightarrow 2C_2H_5OH_{(aq)} + 2CO_{2(g)} + energia$

Como a energia é armazenada e liberada?

A química do corpo não é apenas rápida e seletiva, mas também muito eficiente energicamente. Algumas reações celulares liberam energia, outras absorvem energia. As reservas de energia do corpo são armazenadas nos carboidratos e nas gorduras. Entre a liberação da energia das moléculas ricas em energia e seu uso nas células, ela é armazenada brevemente na biomolécula chamada ATP (trifosfato de adenosina).

(Continua)

(Continuação)

Molécula de trifosfato de adenosina (ATP)

A energia primária do corpo é liberada na reação de oxidação da glicose.

$$C_6H_{12}O_{6(aq)} + 6O_{2(g)} \rightarrow 6CO_{2(g)} + 6H_2O_{(l)} + 2,83 \text{ kJ/mol de glicose}$$

Esta equação resume aquilo que acontece durante uma sequência de mais de 20 reações químicas, envolvendo cerca de 20 enzimas, os biocatalisadores, proteínas especializadas que aumentam a velocidade de uma reação química. Molécula por molécula, a glicose atravessa uma sequência de células do corpo. O conteúdo energético da glicose é liberado, parte por parte, em reações individuais e imediatamente é armazenado por um curto espaço de tempo no ATP.

O ATP pode ser comparado ao bolso de uma pessoa. Quando necessita comprar alguma coisa esta pessoa retira o dinheiro do banco (célula armazenadora de energia) e coloca no bolso (ATP) até o momento de gastá-lo.

Na comparação entre as reações de fermentação e respiração, a diferença está na quantidade de energia liberada em um e em outro processo, na respiração chega a ser 19 vezes mais eficiente do que na fermentação, permitindo a produção de 38 ATPs contra 2 ATPs (66,88 KJ/mol ou 16,00 Kcal/mol).

A fermentação é um conjunto de reações químicas controladas enzimaticamente, em que uma molécula orgânica (geralmente a glicose) é degradada em compostos mais simples, libertando energia (ATP). Este processo tem grande importância econômica, sendo utilizado na fabricação de bebidas alcoólicas e pão, entre outros.

Estudos realizados por Pasteur permitiram verificar que a fermentação alcoólica estava sempre associada ao crescimento de leveduras, mas que se estas fossem expostas a quantidades importantes de oxigênio produziriam (em vez de álcool e dióxido de carbono) água e dióxido de carbono. Destas observações, Pasteur concluiu que a fermentação é o mecanismo utilizado pelos seres vivos para produzir energia na ausência de oxigênio.

(Continua)

Fonte: *Folha de São Paulo*,
http://www1.folha.uol.com.br/fsp/fovest/fo0410200114.htm, 30/08/2006.
Vieira, L. O., 1996, p 20-22.

(Continuação)

Já em 1897, o químico alemão Buchner demonstrou que a fermentação era apenas uma sequência de reações químicas, podendo ocorrer fora de células vivas. Foi este estudo que revelou as enzimas e permitiu a compreensão do metabolismo celular.

Dependendo do tipo de microrganismo presente, a fermentação pode ser:

- fermentação alcoólica - produz como produtos finais etanol e dióxido de carbono, produtos utilizados pelo homem na produção de vinho, cerveja e outras bebidas alcoólicas e do pão;
- fermentação acética - produz como produto final o ácido acético, que causa o azedar do vinho ou dos sumos de fruta e sua consequente transformação em vinagre;
- fermentação láctica - produz como produto final o ácido láctico, geralmente a partir da lactose do leite. A diminuição do pH causada pela acumulação do ácido láctico causa a coagulação das proteínas do leite e a formação do coalho usado na fabricação de iogurtes e queijos.

ATIVIDADES

1. Relacione as reações que ocorrem nos processos de fermentação, de respiração e de fotossíntese em relação à presença (ou não) de oxigênio e em relação à energia consumida/absorvida.
2. Alguns grupos de alimentos são caracterizados como energéticos. Que alimentos são considerados energéticos? Por quê?

— capítulo — **6**

Esterificação e saponificação

SABÕES E DETERGENTES

Após um dia de calor, nada como um bom banho, pois, além de relaxante e refrescante, o banho nos dá uma agradável sensação de limpeza. É para satisfazer essa necessidade de higiene e de limpeza que as indústrias químico-farmacêuticas fabricam e comercializam anualmente toneladas de produtos para higiene pessoal. Os principais produtos dessas indústrias são os sabões e os detergentes. Deles derivam os sabonetes, os xampus, os cremes dentais, os sabões especiais para máquinas de lavar louça e roupas, os detergentes desinfetantes (possuem compostos de amônia ou fenólicos, óleo de pinho ou hipoclorito de sódio), o sabão comum e outros. Sem dúvida alguma, o sabão comum é o mais antigo desses produtos. Segundo Plínio, o Velho (Histórias Naturais, livro 18), os franceses e os alemães foram os primeiros a utilizar o sabão. A técnica de produção desenvolvida foi passada posteriormente aos romanos, adquirindo notoriedade. Conforme escritos encontrados no papiro Ebers, datado de 1550 a.C., os povos orientais e os gregos, embora não conhecessem o sabão, empregavam, na medicina, substâncias químicas semelhantes – obtidas por um método similar ao de obtenção do sabão – utilizadas como bases para a confecção de pomadas e unguentos.

Contam que os gauleses (povos que habitavam a região da Gálea que corresponde atualmente à região da França e da Espanha), tanto quanto os germânicos, dominavam a técnica de obtenção de sabões e que, por volta do século I d.C., esse produto já era obtido em um processo rudimentar por fervura de sebo caprino com cinza de faia (árvore europeia da família das fagáceas [*fagus sylvatica*] à qual pertencem o carvalho e o castanheiro da Europa). Mas foi somente no século II d.C. que o sabão seria citado, por escritos árabes, como meio de limpeza.

No século XVIII, os sabões finos mais conhecidos na Europa vinham da Espanha, da França e da Itália. Mas, apenas no século XIX o sabão teria sido vendido como produto de limpeza na França, marcando o surgimento do primeiro sabão industrializado. Pouco tempo depois, surgiriam na Itália outras indústrias de sabão.

(Continua)

> (Continuação)
>
> No Brasil, demorou mais tempo para haver a produção e a difusão do sabão, mas, em 1860, já existiam fábricas de sabão em todas as cidades importantes. Atualmente, consumimos uma enorme quantidade de produtos derivados de sabões e de detergentes em nosso cotidiano. Por esse motivo, saber como essas substâncias são produzidas, como agem e como são degradadas pela natureza, torna-se um fator importante para o estudo da química associada à vida social.
>
> Fonte: Del Pino, J. C., 1997, p.8-22.

Atividade experimental: a produção de sabão a partir de óleo de soja

Materiais

20 mL de óleo de soja
16 pastilhas de hidróxido de sódio ou, aproximadamente, 30g
15 mL de etanol
cloreto de sódio
gelo
bacia
1 béquer de 100 mL
2 béqueres de 250 mL
1 proveta de 250 mL
1 bastão de vidro
1 suporte universal
1 agarrador
1 tela de amianto
1 tripé
1 lamparina ou bico de bunsen
1 termômetro

Procedimentos

a) Prepare a solução alcalina em um béquer de 250mL, colocando as 30g de hidróxido de sódio em aproximadamente 100mL de água (agite com um bastão de vidro para homogeneizar a solução).
   Cuidado: a solução é cáustica.
b) Após, monte o equipamento para o banho-maria, conforme a Figura 6.1.
c) Em um tubo de ensaio grande, coloque 20mL de óleo de soja, 20mL da solução alcalina e 15mL de etanol.
d) Leve a mistura ao banho-maria até cobri-la, como mostra a Figura 6.1.
e) Agite constantemente para emulsionar os componentes.

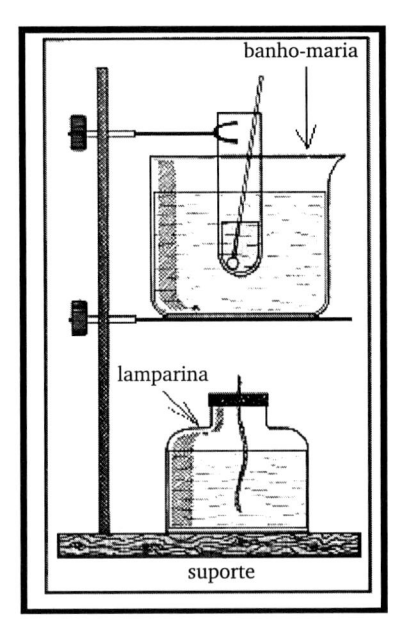

Figura 6.1 Esquema para montagem do experimento.
Fonte: Del Pino, J. C., 1997, p.8-22.

f) Aqueça a mistura (solução 1) por aproximadamente 30 minutos, acrescentando um pouco de água, se a pasta formada estiver ficando muito dura.
g) Após esse período, retire a solução 1 do banho-maria e coloque a aquecer 200 mL de água em um béquer de 250 mL, até ferver.
h) Quando a água estiver fervendo, adicione cloreto de sódio até saturar a solução (solução 2).
h) Após, verta a solução do tubo de ensaio no béquer que contém a solução alcalina. Agite fortemente e leve a mistura formada para banho de gelo. Observe o que ocorre.
i) Deixe repousar por 30 minutos.

ATIVIDADES

1. Sobre o experimento, responda:
   a) Qual é a função do cloreto de sódio na preparação do sabão?
   b) Após colocada no banho de gelo, o que ocorreu com a mistura? Qual é a composição de cada fase do sistema?
   c) Qual é a função do etanol no experimento?

Poder de limpeza de sabões e de detergentes

Por que o sabonete limpa?

A ação de limpeza do sabonete (e também do sabão em barra e do sabão líquido) não se deve ao corante e ao perfume adicionado na formulação. Os responsáveis são os sais de sódio ou de potássio de vários ácidos graxos.

Os que participam em maior porcentagem são os ácidos palmítico e esteárico, componentes das gorduras de porco e do gado bovino, respectivamente.

Na química, estuda-se que semelhante dissolve semelhante ou que uma substância polar dissolve outra polar e que uma substância apolar dissolve outra apolar. As moléculas do sabão (sal de ácido graxo) contêm uma longa porção apolar (hidrofóbica) e uma pequena parte polar (hidrofílica). Na água, elas se estruturam em micelas de tal forma que a parte polar fica em contato direto com a água e as longas cadeias (que têm repulsão à água) se reúnem, dissolvendo-se mutuamente no interior da micela. Quando se lava a mão ou uma roupa levemente engordurada, esfrega-se a mão ensaboada ou esfrega-se ou bate-se a roupa (o que acontece também na lavadora) até fazer espuma. Com este esfregar e bater, as micelas se abrem para a gordura apolar (sujeira) se solubilizar em seu interior e, depois, voltam a se fechar.

Como a micela é solúvel, enxaguando as mãos ou a roupa, o sabão e a gordura (sujeira) são removidos pela água. E as mãos ou roupas ficam limpas....

$$R-COO^-Na^+_{(s)} \longrightarrow R-COO^-_{(aq)} + Na^+_{(aq)}$$

$$\cdots\cdots C-C-COO^-$$

extremidade não iônica (hidrófoba) — extremidade iônica (hidrófila)

Fonte: *Jornal Zero Hora*, Caderno Eureka, 21/10/2002

Sabões são compostos que apresentam a seguinte estrutura:

$$R-COO^-Na^+$$

Essa estrutura indica que o sabão é um sal de ácido graxo. Sua constituição, de modo geral, varia de 12 a 18 átomos de carbono e provém da reação entre um éster e uma base forte. Os ésteres, por sua vez, podem ser obtidos a partir de reações de esterificação.

Reações de esterificação

Os ésteres podem ser obtidos a partir da reação entre um ácido carboxílico e um álcool em uma reação de esterificação.

$$R-COOH + H-O-R' \xrightleftharpoons{H^+} R-COO-R' + H_2O$$

ácido carboxílico   álcool   éster

Vejamos o seguinte exemplo:

$$H_3C-COOH + H-O-CH_3 \xrightleftharpoons{H^+} H_3C-COO-CH_3 + H_2O$$

ácido etanoico   metanol   etanoato de metila

O álcool reage com o carbono da carboxila do ácido carboxílico, produzindo éster e água. Nesse mecanismo, podemos destacar que:

- a reação é realizada em meio ácido, que atua como catalisador;
- a reação é reversível (o equilíbrio químico é estabelecido);
- o éster contém uma parte proveniente do ácido carboxílico e outra proveniente do álcool.

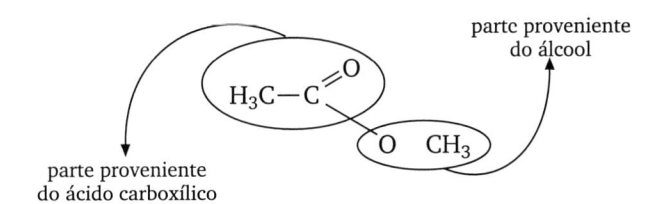

$$H_3C-C(=O)-O-CH_3$$

parte proveniente do ácido carboxílico   parte proveniente do álcool

Esterificação a partir de ácidos graxos: formação de óleos e gorduras

Os ácidos graxos são ácidos carboxílicos de cadeia carbônica longa, podendo ter cadeias carbônicas saturadas ou insaturadas.

$$H_3C-(CH_2)_{14}-COOH \qquad H_3C-(CH_2)_{16}-COOH \qquad H_3C-(CH_2)_7-CH=CH-(CH_2)_7-COOH$$

ácido palmítico ou hexadecanoico   ácido esteárico ou octadecanoico   ácido oleico ou 9-octadecenoico

Os ácidos graxos saturados dão origem às gorduras, e os ácidos graxos insaturados dão origem aos óleos.

Embora a expressão ácido graxo esteja associada a ácidos de cadeia carbônica longa, com 12 ou mais átomos de carbonos, qualquer ácido carboxílico que seja usado por um ser vivo na síntese de um triacilglicerol pode ser denominado ácido graxo.

Assim, o ácido butanoico, por exemplo, é considerado por muitos autores como ácido graxo porque é encontrado nos triacilgliceróis da manteiga; sendo o responsável pelo cheiro forte da manteiga rançosa.

Os ácidos graxos podem ser divididos em três grupos:

- saturados – apresentam apenas ligações simples entre os carbonos
- monoinsaturados – possuem uma ligação dupla na cadeia carbônica
- poli-insaturados – possuem duas ou mais ligações duplas na cadeia carbônica.

Um exemplo de ácido saturado é o ácido palmítico. De todos os ácidos graxos é o mais amplamente distribuído na natureza.

ácido palmítico (saturado)

Já o ácido oleico é um exemplo de ácido graxo monoinsaturado. Ele também se destaca por sua grande ocorrência na natureza.

ácido oleico (monoinsaturado)

Quanto aos exemplos de ácidos graxos poli-insaturados, podemos destacar o linoleico e o linolênico. O ácido linoleico é encontrado em muitos óleos vegetais, no açafrão, no girassol, na soja e no milho, são exemplos de algumas fontes onde pode ser encontrado.

O ácido linolênico também é encontrado em óleos vegetais e é considerado essencial para o ser humano.

```
   H  H  H  H     H     H  H  H  H  H  H
   |  |  |  |     |     |  |  |  |  |  |       O
H—C—C—C—C—C=C—C—C=C—C—C—C—C—C—C—C
   |  |  |  |  |  |  |  |  |  |  |  |  |  |  |   \
   H  H  H  H  H  H  H  H  H  H  H  H  H  H  H    OH
```
ácido linoleico (poli-insaturado)

```
   H  H     H     H     H  H  H  H  H  H
   |  |     |     |     |  |  |  |  |  |       O
H—C—C—C=C—C—C=C—C—C=C—C—C—C—C—C—C
   |  |  |  |  |  |  |  |  |  |  |  |  |  |  |   \
   H  H  H  H  H  H  H  H  H  H  H  H  H  H  H    OH
```
ácido linoleico (poli-insaturado)

Os nomes, as fórmulas estruturais e os pontos de fusão (PF) de alguns ácidos graxos aparecem na tabela a seguir. Observa-se que os pontos de fusão dos ácidos graxos saturados são bem superiores aos dos monoinsaturados e dos poli-insaturados.

TABELA 6.1
Pontos de fusão de ácidos graxos

Nome	Número de C	Estrutura	PF (°C)
Ácidos graxos saturados			
Ácido Palmítico	16	$CH_3(CH_2)_{14}COOH$	69,6
Ácido Esteárico	18	$CH_3(CH_2)_{16}COOH$	76,5
Ácidos graxos monoinsaturados			
Ácido Palmitoleico	16	$CH_3(CH_2)_5CH=CH(CH_2)_7COOH$	-0,5
Ácido Oleico	18	$CH_3(CH_2)_7CH=CH(CH_2)_7COOH$	13,4
Ácidos graxos poli-insaturados			
Ácido Linoleico	18	$CH_3(CH_2)_4CH=CHCH_2CH=CH(CH_2)_7COOH$	-5
Ácido Linolênico	18	$CH_3(CH_2)CH=CHCH_2CH=CHCH_2CH=CH(CH_2)_7COOH$	-11

À temperatura ambiente (25°C), de modo geral, os ácidos graxos saturados são sólidos (PF superior a 25°C), e os insaturados são líquidos (PF inferior a 25°C).

A explicação para a diferença dos pontos de fusão desses ácidos está na estrutura desses compostos. As cadeias carbônicas saturadas (sem ligações duplas) ligam-se mais facilmente umas às outras moléculas, ao contrário, nas cadeias carbônicas insaturadas, devido ao arranjo dos átomos ao redor das ligações duplas, há uma maior dificuldade em "aproximar" as moléculas umas das outras. Como consequência, os primeiros se solidificam mais facilmente e apresentam pontos de fusão maiores, ou seja, é mais difícil romper as ligações de suas moléculas.

Apesar de possuírem a mesma fórmula geral, o que difere os óleos das gorduras são as estruturas dos grupos R_1, R_2 e R_3. Enquanto as gorduras possuem grupos saturados, os óleos possuem cadeias com uma ou mais insaturações. A Figura 6.2 representa um triéster de ácidos graxos e glicerol que, dependendo da saturação/insaturação nas cadeias carbônicas dos grupos R_1, R_2 e R_3, poderá ser um óleo ou uma gordura. Assim, indica-se que os ácidos graxos saturados dão origem às gorduras, e os ácidos graxos insaturados dão origem aos óleos.

$$H_2C-O-C-C\overset{O}{\underset{R_1}{}}$$
$$HC-O-C-C\overset{O}{\underset{R_2}{}}$$
$$H_2C-O-C-C\overset{O}{\underset{R_3}{}}$$

Figura 6.2 Triéster de ácidos graxos e glicerol.

Os óleos e as gorduras são as principais fontes naturais de ésteres, podendo ser derivados de mais de um ácido graxo diferente. Na maioria dos óleos e das gorduras, existem de 12 a 18 carbonos originados de moléculas de ácidos graxos. Mais de 80% do óleo de oliva, por exemplo, é constituído por moléculas de ácido oleico.

ácido oleico

Os lipídios são ésteres de ácidos graxos gerados pelos organismos vivos. São brancos ou levemente amarelados, pouco consistentes e insolúveis na água. Os lipídios mais simples são classificados em glicerídeos (óleos e gorduras) e cerídeos (ceras).

Os glicerídeos são ésteres de glicerol com ácidos graxos. Os óleos e as gorduras animais e vegetais são misturas de glicerídeos. O triesterearato de glicerina é um exemplo de glicerídeo.

$$\begin{array}{c} H_2C-O-H \\ | \\ HC-O-H \\ | \\ H_2C-O-H \end{array} + \begin{array}{c} H-O-C{\overset{O}{\underset{C_{17}H_{35}}{\lessgtr}}} \\ H-O-C{\overset{O}{\underset{C_{17}H_{35}}{\lessgtr}}} \\ H-O-C{\overset{O}{\underset{C_{17}H_{35}}{\lessgtr}}} \end{array} \longrightarrow \begin{array}{c} H_2C-O-C-C{\overset{O}{\underset{C_{17}H_{35}}{\lessgtr}}} \\ | \\ HC-O-C-C{\overset{O}{\underset{C_{17}H_{35}}{\lessgtr}}} \\ | \\ H_2C-O-C-C{\overset{O}{\underset{C_{17}H_{35}}{\lessgtr}}} \end{array} + 3H_2O$$

glicerol   ácido esteárico   triesterearato de glicerina
            (ácido graxo)   (glicerídeo)

Quanto às ceras, essas são também conhecidas como cerídeos. São ésteres derivados de ácidos graxos e de álcoois com número de carbonos elevado, acima de 40 carbonos. Vejamos alguns exemplos:

$$H_3C-(CH_2)_{24}-C{\overset{O}{\underset{O-(CH_2)_{29}-CH_3}{\lessgtr}}}$$
cerotato de mericila
(cera de carnaúba)

$$H_3C-(CH_2)_{24}-C{\overset{O}{\underset{O-(CH_2)_{15}-CH_3}{\lessgtr}}}$$
cerotato de cetila
(cera de lanolina)

$$H_3C-(CH_2)_{14}-C{\overset{O}{\underset{O-(CH_2)_{29}-CH_3}{\lessgtr}}}$$
palmitato de mericila
(cera de abelhas)

Quanto à origem, as ceras podem ser classificadas em vegetais, como, por exemplo, a cera de carnaúba, e em animais, como, por exemplo, a cera produzida pelas abelhas. Industrialmente, as ceras são usadas na fabricação de vernizes, graxas para sapatos, velas, medicamentos.

Ésteres: aroma e sabor dos alimentos

Os ésteres de cadeias carbônicas menores (entre 1 e 10 carbonos) são líquidos, miscíveis em água e de odor agradável, sendo chamados de essências. O odor de alguns ésteres assemelha-se ao de frutas, o que permite usá-los na fabricação de aromatizantes sintéticos.

Aromas e flavorizantes

O consumo de alimentos e de bebidas está inseparavelmente ligado à estimulação dos sentidos humanos de odor e de sabor. Ao saborear um alimento, deliciamo-nos com seu sabor e com o aroma que é desencadeado por uma mistura altamente complexa de moléculas.

Durante a mastigação, a língua sente os quatro sabores básicos dos alimentos – azedo, amargo, doce e salgado, e sua textura. Enquanto isso, sensores apropriados nas fossas nasais sentem o aroma. Aroma, sabor e textura, portanto, se completam e fundem, formando a sensação que é designada pela palavra inglesa *flavour*. Devido ao *flavour*, reconhecemos os alimentos de olhos fechados pelo aroma e pelo sabor. Quando estamos resfriados, os sensores nasais não reconhecem o aroma, porém, a língua identifica os quatro sabores e a textura.

Nas frutas e, de um modo geral, nos alimentos naturais, o sabor é dado por centenas de compostos químicos diferentes, como os açúcares (sabor doce) e os ácidos (sabor azedo), entre outros. O odor, por sua vez, é dado por substâncias voláteis, como ésteres, aldeídos, cetonas.

Há uma certa confusão com os termos aroma e flavorizante. Aroma, segundo o dicionário Aurélio, se refere somente ao complexo de substâncias odoríferas, enquanto flavorizante se refere ao complexo que dá sabor aos alimentos e às bebidas. Em português, geralmente, as palavras *flavour* e aroma são utilizados para designar substâncias que dão sabor e odor aos alimentos.

Fonte: Revista Eletrônica do Departamento de Química da UFSC, n. 4, acessado em 26/09/2006 Ferreira, A. B. de H., 1997.

Aromas naturais *versus* aromas sintéticos

Atualmente, observa-se uma certa tendência do consumidor em preferir produtos naturais, em despeito das evidências de segurança de determinadas substâncias sintéticas, por achar que os alimentos "naturais" são mais seguros. No entanto, o fato de um produto ser natural não é por si só uma garantia de inocuidade, uma vez que a toxidez do alimento depende da dosagem de substâncias agregadas a ele. As moléculas sintéticas possuem propriedades físicas, químicas e funcionais idênticas às de suas contrapartes naturais, fazendo com que sejam a mesma substância do ponto de vista químico e metabólico. Por estas razões, não existem inconvenientes na utilização de moléculas sintéticas de estruturas idênticas às naturais, desde que seus graus de pureza e nível de consumo sejam adequados.

Em alimentos produzidos industrialmente – bolos, doces, balas, refrigerantes – o sabor mais o odor são derivados dos extratos naturais de frutos, folhas, ou, então, por meio de misturas de flavorizantes artificiais, que são mais baratos e procuram imitar o sabor e o aroma desejados. Dentre esses compostos sintéticos, destacam-se os ésteres, como os descritos na tabela a seguir.

(Continua)

(Continuação)

Nome	Fórmula	*Flavor*
Acetato de etila	$H_3C-C{\overset{O}{\underset{O-CH_2-CH_3}{\diagup\!\!\!\diagdown}}}$	Maçã
Acetato de isopentila	$H_3C-C{\overset{O}{\underset{O-CH_2-CH_2-HC{\overset{CH_3}{\underset{CH_3}{\diagup\!\!\!\diagdown}}}}{\diagup\!\!\!\diagdown}}}$	Banana
Acetato de octila	$H_3C-C{\overset{O}{\underset{O-(CH_2)_7-CH_3}{\diagup\!\!\!\diagdown}}}$	Laranja
Butanoato de etila	$H_3C-H_2C-H_2C-C{\overset{O}{\underset{O-CH_2-CH_3}{\diagup\!\!\!\diagdown}}}$	Abacaxi
Butanoato de butila	$H_3C-H_2C-H_2C-C{\overset{O}{\underset{O-(CH_2)_3-CH_3}{\diagup\!\!\!\diagdown}}}$	Morango

As substâncias aromáticas possuem naturezas diversas. Ainda não foi possível estabelecer relações precisas entre estrutura química e perfil de sabor, embora ocorram algumas semelhanças com certos grupos de compostos. De maneira geral, observa-se perda de poder aromatizante com o aumento da massa molecular e a redução da pressão de vapor. Observa-se, também, que moléculas de cadeia ramificada apresentam aroma mais forte do que as de cadeia reta.

Fonte: Wikipédia, a enciclopédia livre. http://pt.wikipedia.org/?title=Flavorizantes – Acessado em 31/08/2006 Pavia, D. L., 1982. p. 84.

Atividade experimental: formação do acetato de etila

Em 1895, Fischer e Speier constataram que a obtenção de ésteres era possível através do aquecimento de ácido carboxílico e álcool na presença de um catalisador. Esta reação ficou conhecida como esterificação de Fischer, sendo esse um dos principais métodos utilizados na produção de ésteres.

No experimento, é proposta a realização da esterificação de Fischer na síntese do etanoato de etila, éster que pode ser reconhecido pelo aroma de maçã.

Materiais

rolha com tubo em L
béquer
tela metálica ou de amianto
lamparina ou bico de bunsen
tubos de ensaio
pérolas de ebulição
ácido sulfúrico concentrado
álcool etílico
ácido acético glacial

Cuidado: com o manuseio dos ácidos sulfúrico e acético, pois causam queimaduras em contato com a pele.

Procedimentos

a) Colocar 10 gotas de álcool etílico, 15 gotas de ácido acético glacial e 2 pérolas de ebulição em um tubo de ensaio.
b) Cuidadosamente, adicione 2 gotas de ácido sulfúrico.
c) Agite-o e tampe-o com a rolha contendo o tubo de vidro em L.
d) Coloque o tubo de ensaio em banho quente, em um béquer contendo 40mL de água, como indicado na Figura 6.2.

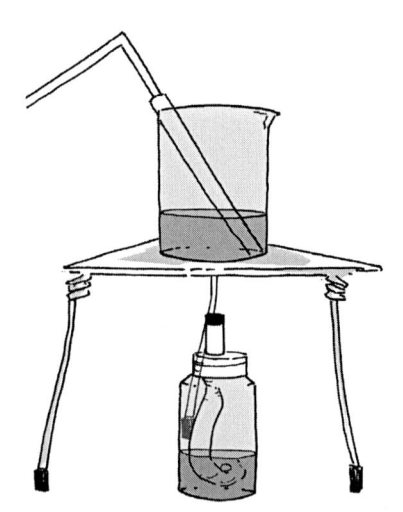

Figura 6.2 Esquema para montagem do experimento.
Fonte: *Química Nova na Escola*, n. 19, 2004, p. 36-38.
Cruz, R., 1995, p. 27.

e) Aqueça o sistema durante 10 minutos.
f) Deixe-o esfriar e sinta o odor do composto formado (éster).

Reações de saponificação

Os ésteres superiores são incolores, inodoros e insolúveis em água. Como dito anteriormente, os glicerídeos, também chamados de óleos e gorduras, podem ser de origem vegetal, como, por exemplo, o óleo de oliva, líquido à temperatura ambiente; ou de origem animal, como, por exemplo, a gordura de carne, sólida à temperatura ambiente.

Os óleos e as gorduras são triésteres de longas cadeias carbônicas que atuam como reagentes nas chamadas reações de hidrólise em meio ácido ou em meio básico. A hidrólise de ésteres em meio ácido produz álcool e os ácidos graxos constituintes. Já a hidrólise em meio básico produz álcool e sais de ácidos graxos. Exemplos de hidrólise em meio ácido (1) e de hidrólise em meio básico (2) podem ser representados pelas equações que seguem:

1. Meio ácido

$$R-C{\overset{O}{\underset{O-R'}{}}} + H_2O \overset{H^+}{\rightleftharpoons} R-C{\overset{O}{\underset{OH}{}}} + R'-OH$$

éster   água   ácido carboxílico   álcool

2. Meio básico

$$R-C{\overset{O}{\underset{O-R'}{}}} + NaOH \longrightarrow R-C{\overset{O}{\underset{O^-Na^+}{}}} + R'-OH$$

éster   base   sal de ácido carboxílico   álcool

Semelhante a essa representação genérica, a hidrólise em meio básico de um triéster (originado a partir de ácidos graxos e glicerol) é chamada reação de saponificação. A reação de saponificação, então, implica a realização de hidrólise de um óleo ou de uma gordura em presença de uma base. Essa hidrólise produz um sal de ácido carboxílico, conhecido como sabão, e um álcool denominado glicerol.

Podemos representar uma reação de saponificação, reação entre um éster (triglicerídeo) e uma base forte, pela seguinte equação:

$$\begin{array}{c}H_2C-O-C(=O)R \\ | \\ HC-O-C(=O)R' \\ | \\ H_2C-O-C(=O)R''\end{array} + 3NaOH \longrightarrow \begin{array}{c}H_2C-OH \\ | \\ HC-OH \\ | \\ H_2C-OH\end{array} + \begin{array}{c}R-C(=O)O^-Na^+ \\ R'-C(=O)O^-Na^+ \\ R''-C(=O)O^-Na^+\end{array}$$

triglicerídeo   base   glicerol   sabão

OBS.: R, R' e R" podem ser iguais ou diferentes.

Assim, os ingredientes tradicionais dos sabões são: gordura animal e/ou óleo vegetal e soda cáustica (hidróxido de sódio), ou seja, a gordura, uma mistura de triglicerídeos, reage com uma base forte, como NaOH ou KOH, produzindo sabões e glicerol (glicerina).

$$\begin{array}{c}H_2C-O-C(=O)C_{15}H_{31} \\ | \\ HC-O-C(=O)C_{15}H_{31} \\ | \\ H_2C-O-C(=O)C_{15}H_{31}\end{array} + 3NaOH \longrightarrow \begin{array}{c}H_2C-OH \\ | \\ HC-OH \\ | \\ H_2C-OH\end{array} + \begin{array}{c}C_{15}H_{31}-C(=O)O^-Na^+ \\ C_{15}H_{31}-C(=O)O^-Na^+ \\ C_{15}H_{31}-C(=O)O^-Na^+\end{array}$$

triglicerídeo   base   álcool   sabão
(tripal miliato   (hidróxido   (glicerol)   (palmitato de sódio)
de glicerina)   de sódio)

Detergentes sintéticos

Os detergentes são produtos sintéticos produzidos a partir de derivados do petróleo. Estes compostos começaram a ser produzidos comercialmente a partir da II Guerra Mundial, devido à escassez de óleos e de gorduras, produtos necessários para a fabricação de sabões. Nos Estados Unidos, já no ano de 1953, o consumo de detergentes superava o de sabões.

Os primeiros detergentes produzidos apresentavam problemas com relação à degradação pelo meio ambiente, tornando-se altamente poluidores, pois permaneciam nas águas de rios e de lagos por um período muito grande. Além disso, devido à permanente agitação das águas, causavam a formação de muita espuma, cobrindo a superfície de rios, estações de tratamento e redes de esgoto.

Nesse período, a base para a fabricação dos detergentes era o propeno, um gás incolor obtido, principalmente, do *cracking* da nafta (produto da destilação do petróleo).

A utilização deste composto na fabricação de detergentes deu origem aos tensoativos, composto de cadeias ramificadas e, portanto, de difícil degradação pelas bactérias, sendo que os problemas causados por esses detergentes estavam relacionados às estruturas de suas moléculas. Observe, na Figura 6.3 a estrutura de um tipo de detergente largamente utilizado nos Estados Unidos no período anterior a 1965.

Compostos como o alquil benzeno sulfonato de sódio, representado na Figura 6.3, foram proibidos em todos os países industrializados a partir de 1965. A existência de metilas (-CH_3), constituindo as ramificações, dificultam a degradação da molécula, motivo pelo qual esse tipo de detergente foi, com o passar do tempo, sendo substituído por outros que possuíam maior degradabilidade. No Brasil, esse tipo de detergente permaneceu sendo comercializado por muito tempo, mesmo após ter sido proibido nos países industrializados.

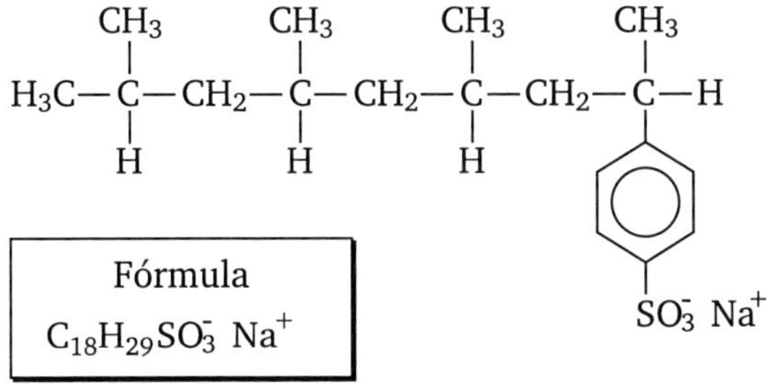

Figura 6.3 Estrutura do alquil benzeno sulfonato de sódio (ABS).

ATIVIDADES

1. Com relação ao experimento da p.98, responda as seguintes questões:
   a) Se utilizássemos óleo de milho em vez de óleo de soja, ocorreria formação de sabão? Justifique.
   b) Há alternativas para melhorar a qualidade do produto? Qual(is)?
   c) Represente a reação de saponificação entre um triacilglicerídeo do ácido láurico (éster do ácido láurico – cadeia saturada com 12 carbonos) e o hidróxido de sódio.
2. Sobre o experimento da p.107, responda:
   a) Escreva as equações das reações envolvidas.

- b) Discuta possíveis diferenças quando se compara o mesmo composto químico obtido por duas vias diferentes: natural (extração) e artificial (reação química).
- c) Explique a função do ácido sulfúrico na formação do acetato de etila.
- d) Quais são as funções do tubo de vidro com a rolha e das pérolas de vidro?
- e) O aroma combinado ao sabor é uma propriedade de todos os alimentos? Justifique.

3. Sugestão de roteiro para trabalho de pesquisa envolvendo:
   - a) o uso de produtos de limpeza e as consequências ao meio ambiente
     - Composição química, processos de obtenção e propriedades de produtos de higiene pessoal: sabonete, xampu, condicionador, pasta dental.
     - Meio ambiente: conceito de biodegradabilidade, relação entre tensão superficial da água e o uso de detergentes, entre sabões e detergentes e entre poluição de águas, uso de sabões e detergentes em águas duras, características de detergentes aniônicos e catiônicos.
   - b) tipos de alimentos contendo óleos/gorduras e os cuidados com a saúde
     - Tipos de alimentos classificados como lipídeos – gorduras/óleos – na dieta alimentar e a saúde.
     - Gorduras hidrogenadas e dieta alimentar: conceito de gordura hidrogenada, processo industrial de obtenção, tipos de alimentos contendo gorduras hidrogenadas.

— capítulo — **7**

Polimerização

POLÍMEROS: UMA SÍNTESE DE NOSSA ÉPOCA

Nossos descendentes, no futuro, talvez se refiram a nossa época como sendo a era dos plásticos. Embora o primeiro polímero sintético só tenha sido obtido em 1907, hoje os plásticos já estão onipresentes em nosso cotidiano. Muitos dos utensílios domésticos, automóveis, embalagens e até mesmo as roupas, são feitas com polímeros.

Polímeros são macromoléculas formadas pela repetição de unidades químicas – os monômeros – ligadas covalentemente. Havendo apenas uma espécie de monômero na estrutura, o polímero é denominado homopolímero e, havendo espécies diferentes de monômeros na estrutura, o polímero recebe a denominação de copolímero.

Os polímeros biológicos fundamentam a existência da vida e existem desde o surgimento da primeira célula na superfície da Terra. Os polímeros naturais têm sido empregados pelo homem desde os mais remotos tempos, o asfalto era utilizado em tempos pré-bíblicos, o âmbar já era conhecido pelos gregos e a goma pelos romanos. Já os polímeros sintéticos passam a surgir no século XX.

Um grande marco na história da indústria de plásticos foi a descoberta do processo de vulcanização da borracha em 1839 (a partir do látex, um polímero natural, que já era largamente empregado) pela Goodyear. Em 1865, foi descoberto o processo de acetilação da celulose, resultando em produtos comerciais de grande uso no início do século XIX, como as fibras de *rayon* e o celofane, entre outros. O próximo grande passo foi a nitração da celulose, resultando na nitrocelulose, produto comercializado primeiramente por Hyatt, em 1870. Desse produto pode-se obter celuloide, alavancando a indústria cinematográfica. Entretanto, o primeiro polímero puramente sintético somente surgiu em 1907, as resinas de fenol-formaldeído, entre elas o Bakelite – o primeiro polímero sintético de uso comercial – foram produzidas por Baekeland. Desde então, a indústria e o uso de polímeros não parou mais de crescer.

Fonte: *Revista Eletrônica do Departamento de Química da UFSC*, n. 4, acessado em 31/08/2006.

Atividade experimental: obtenção de plástico

A caseína é uma das proteínas encontradas no leite. Essa substância, assim como as demais proteínas, é um polímero formado pela união de moléculas de aminoácidos.

$$\ldots + \underset{\text{aminoácido A}}{\text{H}_2\text{N}-\underset{\underset{\text{H}}{|}}{\overset{\overset{\text{R}}{|}}{\text{C}}}-\text{C}(=\text{O})\text{OH}} + \underset{\text{aminoácido B}}{\text{H}_2\text{N}-\underset{\underset{\text{H}}{|}}{\overset{\overset{\text{R'}}{|}}{\text{C}}}-\text{C}(=\text{O})\text{OH}} + \underset{\text{aminoácido C}}{\text{H}_2\text{N}-\underset{\underset{\text{H}}{|}}{\overset{\overset{\text{R'}}{|}}{\text{C}}}-\text{C}(=\text{O})\text{OH}} + \ldots$$

$\downarrow -n\text{H}_2\text{O}$

$$\ldots -\text{N}-\underset{\underset{\text{H}}{|}}{\overset{\overset{\text{R}}{|}}{\text{C}}}-\underset{}{\overset{\overset{\text{O}}{\|}}{\text{C}}}-\text{N}-\underset{\underset{\text{H}}{|}}{\overset{\overset{\text{R'}}{|}}{\text{C}}}-\underset{}{\overset{\overset{\text{O}}{\|}}{\text{C}}}-\text{N}-\underset{\underset{\text{H}}{|}}{\overset{\overset{\text{R''}}{|}}{\text{C}}}-\underset{}{\overset{\overset{\text{O}}{\|}}{\text{C}}}- \ldots$$

> R, R', R" são agrupamentos em geral constituídos por 1 a 9 átomos de carbono, aos quais estão ligados átomos H, grupos -OH, -SH ou outros.

Nesse experimento, é feita a separação da caseína do leite para a obtenção do polímero plástico caseína-formaldeído, por meio de uma reação química entre a caseína e o formol (formol é uma solução aquosa do metanal ou formaldeído).

Materiais

2 béqueres de 250mL
1 frasco pequeno com tampa, de boca larga
1 tripé
1 lamparina ou bico de bunsen
20mL de formol
200mL de leite não fervido
50mL de vinagre
50mL de água morna

1 bastão de vidro
1 pedaço de pano com 20cm X 20cm, aproximadamente
1 tela de amianto

Procedimentos

a) Aqueça em um béquer, sobre a tela de amianto, cerca de 200mL de leite a 60°C.
b) Retire o leite do fogo e acrescente cerca de 60 gotas de vinagre, agitando com o bastão de vidro, durante um minuto, aproximadamente.
c) Coe o líquido pelo pano.
d) Esprema bem o pano até que saia a maior parte do líquido. Sem retirar o material, o precipitado do pano, lave-o com água morna.
e) Divida este material em duas porções e com elas faça duas bolinhas. Coloque uma delas no frasco de boca larga, acrescente formol até cobri-la e tampe. Deixe a outra bolinha exposta ao ar, secando.

Cuidado: ao manusear formol.

f) Após alguns dias, lave a bolinha que ficou no formol e deixe-a exposta ao ar até ficar bem dura.
g) Compare a bolinha que havia ficado no formol com a outra. Tente lixar e polir as peças. O que você observou?

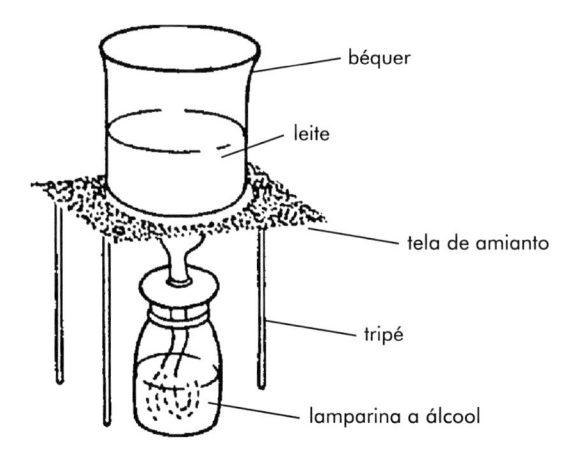

Figura 7.1 Esquema para montagem do experimento.
Fonte: Ambrogi, A. 1995, p.115-125.

ATIVIDADES

1. Sobre o experimento, responda:
   a) O que pode ser observado quando se adiciona vinagre ao leite quente?
   b) O polímero formado é um copolímero. O que isso significa?
2. A caseína-formaldeído foi um dos primeiros plásticos a ser utilizados pelo homem, foi descoberto por químicos alemães em 1897. Esse plástico é bastante duro e pode ser cortado, lixado e polido, tendo sido muito utilizado na confecção de botões, cabos de facas e outros objetos.
   A matéria-prima utilizada na fabricação do polímero provém de recursos naturais renováveis ou não renováveis? Justifique.

Constituição dos polímeros

Polímeros são macromoléculas formadas pela união de grande número de moléculas menores iguais ou diferentes. O termo polímero vem de duas palavras gregas: *poly* e *meros,* que significam respectivamente *muitos* e *partes.*

Dependendo das moléculas que o compõem, chamados *monômeros*, os polímeros podem ser classificados em diferentes categorias: *polímeros de adição, copolímeros* e *polímeros de condensação.*

Polímeros de adição

Para dar origem a um polímero de adição, é necessário que o monômero possua ligações duplas. Se o monômero for aquecido na presença de um catalisador adequado, ocorre a quebra dessas ligações e os monômeros se adicionam, formando moléculas maiores:

$$A + A \longrightarrow A-A \qquad \text{reação de dimerização}$$
$$A + A + A \longrightarrow A-A-A \qquad \text{reação de trimerização}$$
$$\underbrace{A + A + A + ... + A}_{nA} \longrightarrow \underbrace{-A-A-A-...-A-}_{-(A)_{\overline{n}}} \qquad \text{reação de polimerização}$$

monômero — polímero de adição

Nas reações de polimerização, o número de monômeros A pode chegar a 100 mil unidades ou mais. Um exemplo de polímero de adição bastante encontrado no nosso dia a dia é o polietileno.

$$nCH_2{=}CH_2 \xrightarrow[\text{pressão e temperatura elevadas}]{\text{catalisador}} {-}(CH_2{-}CH_2{)}_n$$

etileno (monômero)　　　　　　　　　　　polietileno (polímero)

O polietileno é utilizado na fabricação de recipientes, sacos plásticos, canetas, etc.

Copolímeros

A reação de polimerização que forma os copolímeros é idêntica à dos polímeros de adição, mas realiza-se entre monômeros diferentes:

$$\underbrace{A + A + A + ... + A + B + B + B + ... + B}_{\substack{nA + nB \\ \text{monômeros}}} \longrightarrow \underbrace{-A{-}B{-}A{-}B{-}A{-}B{-}..{-}A}_{\substack{{-}(A{-}B{)}_n \\ \text{copolímeros}}}$$

Polímeros de condensação

Polímeros de condensação são formados em uma reação de polimerização, juntamente com um segundo produto, que pode ser água ou ácido. É o caso da reação de polimerização do náilon (poliamida), na qual a condensação do ácido adípico com a hexametilenodiamina produz náilon e água. O náilon é usado na fabricação de tecidos, de linhas de pesca, de engrenagens. É uma substância bastante resistente à tração, à água quente e ao óleo.

$$n \begin{array}{c} H \\ | \\ N{-}(CH_2)_6{-}N \\ | \\ H \end{array} \begin{array}{c} H \\ \diagup \\ \diagdown \\ H \end{array} n \begin{array}{c} O \\ \diagup \\ C{-}(CH_2)_4{-}C \\ \diagdown \\ HO \end{array} \begin{array}{c} O \\ \diagup \\ \diagdown \\ OH \end{array} \longrightarrow$$

hexametilenodiamina ou 1,6-diamino-hexano　　　　ácido adípico ou ácido hexanodiódico

$$\left(\begin{array}{c} H \\ | \\ N{-}(CH_2)_6{-}N{-}C{-}(CH_2)_4{-}C \\ \phantom{N{-}(CH_2)_6{-}}| \|\phantom{(CH_2)_4{-}}\| \\ \phantom{N{-}(CH_2)_6{-}}HO\phantom{(CH_2)_4{-}}O \end{array} \right)_n + nH_2O$$

náilon

Propriedades físicas dos polímeros

As estruturas químicas e a massa molar dos polímeros determinam suas propriedades físico-químicas. Propriedades como resistência à chama, cristalinidade, estabilidade térmica, resistência à ação química e propriedades mecânicas determinam a utilidade do polímero.

Os materiais plásticos, principalmente o policloreto de vinila (PVC), o polietileno (PEAD e PEBD) e o politereftalato de etileno (PET) são cada vez mais utilizados no cotidiano, sendo sua incineração uma causa de danos ao meio ambiente.

A reciclagem dos plásticos é viável do ponto de vista econômico e da preservação do meio ambiente. Abaixo estão descritos os tipos mais comuns de reciclagem.

Reciclagem primária

Reaproveitamento de peças defeituosas, aparas e rebarbas das linhas de produção da própria fábrica.

Reciclagem secundária

Transformação dos resíduos plásticos descartados, em grânulos que podem ser reutilizados na produção de outros materiais como: pisos, sacos de lixo, solados, mangueiras, componentes de carro, fibras, etc.

A reciclagem secundária pode ser empregada desde que se faça uma coleta seletiva do lixo, separando e identificando os diferentes materiais plásticos descartados. Os diferentes polímeros (plásticos), para serem reciclados (processados), devem ser amolecidos a altas temperaturas, separadamente. A separação é, portanto, a primeira etapa do processo de reciclagem e deve utilizar propriedades físicas dos polímeros, isto é, densidade, condutividade térmica, temperatura de amolecimento.

Para facilitar a separação em usinas de reciclagem, muitos materiais plásticos trazem uma marcação de identificação.

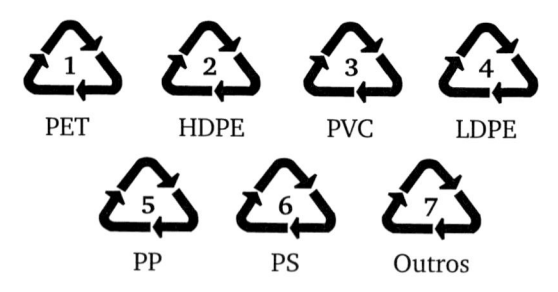

| 1 PET | 2 HDPE | 3 PVC | 4 LDPE |
| 5 PP | 6 PS | 7 Outros | |

O símbolo que identifica o tipo de polímero é uma simbologia que permite uma melhor separação dos materiais plásticos nas usinas de triagem. Vejamos alguns exemplos dessa identificação e a aplicação desses plásticos.

- PET – poli(tereftalato de etileno) – garrafas de refrigerantes, água, vinagre, detergentes.
- HDPE (PEAD) – polietileno de alta densidade – recipientes de detergentes, amaciantes, branqueadores, leite, condicionadores, xampus, óleos de motor.
- PDPE – (PEBD) polietileno de baixa densidade – filmes, sacolas de supermercado, embalagens de lanches.
- PVC – cloreto de poli(vinila) – pipas, bandejas de refeições, capas, assoalhos, forros, encanamentos de água.
- PP – polipropileno – recipientes para guardar alimentos (*Tupperware*), carpetes, embalagens de pudins, de iogurtes e de água mineral.
- PS – poliestireno – copos de café e de água, protetor de embalagens (isopor), protetor de cartuchos de impressora.
- PC – policarbonato – mamadeiras, coberturas de residências, lentes de óculos, escudo protetor contra-balas.
- PU – poliuretano – solados e saltos de calçados, batentes, rodas, parachoques, colchões.
- ABS – acrilonitrila-butadieno-estireno – maçanetas, carcaças de aparelhos, tubulações de produtos químicos corrosivos.

Reciclagem terciária ou química

Reprocessamento de plásticos descartados, convertendo-os em monômeros e misturas de hidrocarbonetos, que poderão ser reutilizados como produtos químicos em refinarias ou em centrais petroquímicas. Esse tipo de reciclagem permite também tratar misturas de plásticos, reduzindo custos de pré-tratamento, de coleta de seleção, além de permitir a produção de plásticos novos com a mesma qualidade de um polímero original.

Reciclagem quartenária ou energética

Recuperação de energia através do tratamento térmico aplicado aos resíduos plásticos. Distingue-se da simples incineração, pois utiliza os resíduos plásticos como combustível na geração de energia elétrica. A energia contida em 1Kg de plásticos é equivalente à contida em 1Kg de óleo combustível.

Atividade experimental: reconhecimento de polímeros

Reconhecer um polímero nem sempre é tarefa simples, isto porque o mesmo polímero pode ter características muito diferentes. Dependendo de como foi fabricado, raramente se consegue identificar o mesmo por um simples exame visual, sendo necessário realizar uma série de testes para proceder a identificação.

Materiais

- amostras de diversos plásticos: PET, PEAD, PEBD, PVC, PP, PS (rígido) e PS (espuma).
- soluções de etanol/água, em % v/v, de várias densidades:
  a) 52% etanol   0,9110 g/mL
  b) 38% etanol   0,9408 g/mL
  c) 24% etanol   0,9549 g/mL
- soluções de $CaCl_2$, em água, em % m/v, de várias densidades:
  d) 6% $CaCl_2$ 1,0505 g/mL
  e) 32% $CaCl_2$ 1,3059 g/mL
  f) 40% $CaCl_2$ 1,3982 g/mL
- 6 béqueres de 150mL
- pinça metálica, prendedor ou agarrador de madeira
- placas de Petri ou recipientes para fazer a amostragem

Procedimentos

1. Manuseie diferentes recipientes plásticos, observando o código de reciclagem no fundo de cada recipiente.
2. Observe e manuseie amostras de plásticos diferentes, dispostos em placas de Petri, anotando as propriedades em uma tabela:
   - Tente flexionar a amostra, verificando sua rigidez ou flexibilidade.
   - Verifique se a superfície é rugosa ou lisa.
3. Coloque 50mL de cada solução de álcool e cloreto de cálcio de diferentes densidades em béqueres de 150 mL (6 soluções), numerando-os em ordem crescente de densidade (de I a VI).

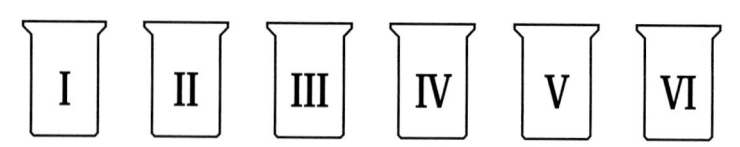

Fonte: *Química Nova na Escola*, n. 18, 2003, p.44.

4. Coloque uma amostra de plástico na solução alcoólica de menor densidade (béquer I). Verifique se flutua ou afunda e anote.
5. Caso afunde, retire e seque a amostra, e coloque-a na solução do béquer II, a segunda solução de menor densidade. Anote o resultado.
6. Se necessário, repita a operação, sempre aumentando a densidade, anotando os resultados em relação à solução cuja densidade você deve registrar com os resultados.
7. Repita o procedimento para cada tipo de amostra nas diferentes soluções e anote os resultados em uma tabela.

ATIVIDADES

1. Considere os resultados que você observou no experimento anterior e compare com os dados da tabela que segue. Com os dados da tabela seria possível identificar os polímeros. Compare com os dados fornecidos na embalagem. Justifique.

TABELA 7.1
Densidade de alguns polímeros

Polímeros	Densidade (g/mL)
Poli(tereftalato de etileno) – PET	1,29-1,40
Poli(etileno) de alta densidade – PEAD	0,952-0,965
Poli(cloreto de vinila) – PVC(rígido)	1,30-1,58
Poli(cloreto de vinila) – PVC(flexível)	1,16-1,35
Poli(etileno) de baixa densidade – PEBD	0,917-0,940
Polipropileno – PP	0,900-0,910
Poliestireno – PS(sólido)	1,04-1,05
Poliestireno – PS(espuma)	Menor que 1,00

Fonte: *Química Nova na Escola*, n. 18, 2003, p.44.

2. O texto a seguir trata sobre uma das aplicações do PVC e os problemas causados por esse material à saúde humana. Comente o texto, levando em consideração os benefícios e os malefícios do uso de polímeros.

> **A ameaça dos plásticos**
> **Europa decide destino de brinquedos de PVC**
>
> A guerra entre as entidades ambientalistas e a indústria petroquímica terá um lance decisivo nesta semana, quando a Comissão Europeia, órgão que padroniza normas comerciais e industriais no continente, dará a palavra final na discussão sobre o banimento dos brinquedos de PVC (cloreto de polivinila), um tipo de plástico. Estudos científicos mostram que esse material, em que estão presentes aditivos chamados ftalatos, usados como amaciantes, pode fazer mal ao fígado, aos rins e ao sistema nervoso central, se colocado na boca por crianças muito pequenas.
>
> Fonte: *Revista Época*, 22/11/1999, p.112.

3. Realizar trabalho de pesquisa destacando a composição do monômero, as características, as aplicações e as vantagens e desvantagens para os seguintes polímeros:
   a) três polímeros vinílicos (a sua escolha)
   b) poliestireno (borracha sintética SBR)
   c) neopreno
   d) baquelite
   e) náilon
   f) poliéster
   g) poliamida (kevlar)
   h) poliuretana
   i) policarbonato
   j) silicone (polímero inorgânico)

4. A borracha natural – poli-isopreno – pode ser extraída da seringueira *Hevea brasiliensis*, sendo que aproximadamente 30% do total de elastômeros são borracha natural. O poli-isopreno pode ser obtido, também, a partir do monômero metil-1,3-butadieno. Uma alternativa ao uso da borracha natural é a produção de borracha sintética – o polibutadieno.
   a) Represente a reação de polimerização do poli-isopreno, a partir do metil-1,3-butadieno.
   b) Represente a reação de polimerização do polibutadieno, a partir do 1,3-butadieno.
   c) Em que consiste o processo de vulcanização da borracha?
   d) Quais as diferenças quanto à composição química e quanto às propriedades físicas da borracha crua em relação à borracha vulcanizada?

— capítulo — **8**

Solubilidade e ponto de ebulição: propriedades importantes para o estudo de compostos orgânicos

SOLUBILIDADE

A água não consegue remover certos tipos de sujeira como, por exemplo, óleo vegetal e/ou gordura animal. Isso acontece porque as moléculas de água são polares e as de óleo são apolares. O sabão exerce um papel importantíssimo na limpeza porque consegue, por sua estrutura molecular, solubilizar substâncias polares e apolares.

A solubilidade dos compostos orgânicos em água depende da polaridade das moléculas que os constituem, o que determina as interações entre essas moléculas com as moléculas do solvente. Substâncias cujas moléculas apresentam simetria são apolares, pois elas têm uma distribuição uniforme de densidade eletrônica; enquanto que as substâncias com estrutura molecular assimétrica são polares, uma vez que contêm regiões de diferentes densidades eletrônicas.

Os compostos orgânicos apolares não se dissolvem na água, sendo esse o caso dos hidrocarbonetos. A água – estrutura molecular assimétrica – é o principal solvente polar, podendo solubilizar substâncias orgânicas polares, como são a acetona e o etanol. Os grupamentos polarizados, como as carbonilas, as carboxilas, as hidroxilas ou o amino, quando constituem cadeias carbônicas pequenas, são os responsáveis pela solubilidade do composto orgânico em água.

$$\underset{\text{carbonila}}{\overset{\overset{\text{O}}{\|}}{\underset{\diagdown}{\text{C}}\diagup}} \quad \underset{\text{carboxila}}{-\text{C}\overset{\diagup\!\!\!\diagup\text{O}}{\underset{\diagdown\text{OH}}{}}} \quad \underset{\text{hidroxila}}{-\text{OH}} \quad \underset{\text{amino}}{-\text{NH}_2}$$

Comparando um hidrocarboneto (a) com um álcool (b):

a) $CH_3-CH=CH-CH_3$ ⟶ insolúvel em água, solúvel em solventes apolares
b) $\underbrace{CH_3-CH_2-CH_2}_{\text{apolar}}-\underbrace{OH}_{\text{polar}}$ ⟶ solúvel em água e em alguns solventes apolares

No entanto, a solubilidade é um fator que não depende apenas da presença de grupamentos polarizados, mesmo substâncias com grupamentos polares, como os álcoois ou as aminas, têm sua solubilidade diminuída conforme a cadeia carbônica vai se tornando mais extensa. Com o aumento da cadeia carbônica, a parte apolar (aquela que não se dissolve na água) aumenta, diminuindo a solubilidade em água e aumentando a solubilidade em solventes apolares, como, por exemplo, em hexano (C_6H_{14}), em tetracloreto de carbono (CCl_4) e em gasolina (considere C_8H_{18} o principal componente). Assim, os hidrocarbonetos, os ácidos graxos (ácidos carboxílicos de longas cadeias carbônicas) e os óleos e as gorduras são insolúveis em água, mas, além desses, também os álcoois, os ácidos carboxílicos, as aminas, os aldeídos e as cetonas, mesmo tendo grupamento polar, vão tornando-se menos solúveis em água, conforme a cadeia carbônica for aumentando.

Além da semelhança pela polaridade, dependendo do grupamento que constitui a substância orgânica, no caso de formar estruturas fortemente polarizadas, há uma interação intermolecular bastante efetiva entre a substância e as moléculas de água, que são as interações do tipo ligações de hidrogênio. Os álcoois e os ácidos carboxílicos com cadeias carbônicas menores são solúveis em água devido à polaridade das substâncias e também ao tipo de interação das moléculas do álcool e do ácido com a água (ligações de hidrogênio). Nas representações abaixo, estão destacados, em negrito, os grupamentos que farão as interações do tipo ligações de hidrogênio com a água.

$CH_3-CH_2-\mathbf{OH}$ $CH_3-C\begin{smallmatrix}\diagup O\\ \diagdown \mathbf{OH}\end{smallmatrix}$

etanol   ácido etanoico

Representação da interação por ligação de hidrogênio entre as moléculas de água e o álcool etílico ou etanol.

$C_2H_5-O\cdots H-O\cdots H-O-C_2H_5$
         H H
          $\searrow O \swarrow$

⟶ ligação de hidrogênio entre as moléculas de álcool e água

A ação de limpeza do sabão está indicada na representação que segue.

$$H-\underset{H}{\overset{H}{C}}-\underset{H}{\overset{H}{C}}-\underset{H}{\overset{H}{C}}-\underset{H}{\overset{H}{C}}-\underset{H}{\overset{H}{C}}-\underset{H}{\overset{H}{C}}-\underset{H}{\overset{H}{C}}-\underset{H}{\overset{H}{C}}-\underset{H}{\overset{H}{C}}-\underset{H}{\overset{H}{C}}-\underset{H}{\overset{H}{C}}-C\underset{O^-Na^+}{\overset{O}{\diagup\!\!\!\diagdown}}$$

　　　　　　　　　parte apolar　　　　　　　parte polar
　　　　　interação com a gordura　　　interação com a água

Quando a gordura e/ou o óleo estão em presença de sabão, ocorre a formação de uma micela, onde a parte apolar interage com a gordura ou óleo e a parte polar com a água, o que faz a sujeira ser facilmente removida.

Atividade experimental: determinação do teor de álcool na gasolina

A utilização do petróleo como fonte de energia foi essencial para garantir o desenvolvimento industrial do século XX. Uma fração do petróleo com grande valor comercial é a gasolina, tipicamente uma mistura de hidrocarbonetos saturados.

A qualidade da gasolina no Brasil tem sido constante objeto de questionamento; assim, a determinação de sua composição é importante, devido a algumas formas de adulteração com solventes orgânicos que prejudicam os motores dos automóveis.

Um componente presente exclusivamente na gasolina brasileira é o etanol. A quantidade permitida de etanol na gasolina deve estar entre os limites de 22 a 26% (em volume). A falta ou excesso de álcool em relação aos limites estabelecidos compromete a qualidade do produto que chega aos consumidores. Por isso, comumente são feitos testes a fim de se fiscalizar se não há fraude com relação à fração permitida de álcool na gasolina.

Considerando que o álcool é mais solúvel em água do que em gasolina, o experimento propõe a determinação do teor de etanol na gasolina através da extração do álcool com a água.

Materiais

9 tubos de ensaio
1 proveta de 50 mL
1 bastão de vidro
1 seringa descartável de 5mL
50 mL de etanol

50 mL de gasolina
50 mL de água
permanganato de potássio ou sulfato de cobre pentahidratado
iodo sólido ressublimado

Procedimentos

Parte 1: Identificação das fases no sistema água-gasolina

Numerar três tubos de ensaio e montar os sistemas conforme a sequência de reagentes indicados.
Tubo 1: Colocar 3 mL de água e acrescentar 3 mL de gasolina. Observar.
Tubo 2: Colocar 3 mL água e acrescentar uma ponta de espátula de I_2. Observar. A esse sistema acrescentar gasolina. Observar.
Tubo 3: Colocar 3 mL de água e acrescentar uma ponta de espátula de $KMnO_4$. Observar.
A esse sistema acrescentar 3 mL de gasolina. Observar.

Parte 2 – Quantificação do etanol na gasolina
a) Adicionar 20mL de gasolina à proveta contendo 20mL de água. Anote o volume final.
b) Agitar com bastão de vidro durante 1 minuto o sistema formado.
c) Deixar o sistema em repouso.
d) Observe a formação de fases e anote o volume da fase aquosa.
e) Calcule a percentagem* de etanol presente na gasolina a partir do aumento da fase aquosa. Utilizando a seguinte expressão:

$$V_{álcool} = V_{inicial\text{-}gasolina} - V_{final\text{-}gasolina}$$

% Teor de álcool= $(V_{álcool} / V_{inicial\ gasolina})$ x 100

* A concentração de álcool na gasolina brasileira deve estar entre 22 e 26%, volume a volume (ou, em unidades de concentração em volume, 220mL/L a 260mL/L)
Fonte: *Química Nova na Escola*, n. 17, 2003, p. 42-44.

ATIVIDADES

1. Explique o processo de extração do álcool (da mistura álcool-gasolina) pela água.
2. Manchas de gorduras são facilmente removidas quando lavadas "a seco" (com o uso de solventes, geralmente hidrocarbonetos). Justifique a ação dessas substâncias como agentes de limpeza.

3. A gasolina pode ser adulterada pela adição de solventes orgânicos (substâncias apolares). Seria possível extrair esses solventes da gasolina pelo mesmo processo utilizado para extrair álcool da gasolina? Justifique.

Estados físicos e pontos de ebulição

O tipo de interação entre as moléculas de uma substância determina seu estado físico, bem como, a temperatura necessária para que haja mudança de estado físico, considerando uma dada pressão. Consequentemente, os pontos de ebulição (PE) das substâncias orgânicas irão depender do tipo de interação intermolecular e da massa molecular da substância, pois quanto maior a cadeia carbônica, maior será o número de interações entre as moléculas.

À temperatura ambiente, hidrocarbonetos saturados cujas cadeias carbônicas tenham até 4 carbonos são gases, como o são o metano (CH_4), o etano (C_2H_6), o propano (C_3H_8) e o butano (C_4H_{10}); de 5 até, mais ou menos, 15 carbonos, são líquidos; e acima disto são sólidos. Para uma substância polar como o etanol (líquido à temperatura ambiente, mesmo com apenas dois átomos de carbono), não se pode fazer essa mesma relação considerando somente números de carbonos, pois, devido à polaridade das moléculas, as interações intermoleculares são mais fortes, tornando os PE mais elevados. Vejamos alguns exemplos:

$$\begin{array}{c} H \quad H \\ | \quad \; | \\ C=C \\ | \quad \; | \\ H \quad H \end{array} \longrightarrow \text{gás}$$

(eteno)

$$\begin{array}{c} H \quad H \\ | \quad \; | \\ H-C-C-O-H \\ | \quad \; | \\ H \quad H \end{array} \longrightarrow \text{líquido}$$

(etanol)

$$\begin{array}{c} H \quad H \quad H \quad H \quad H \\ | \quad \; | \quad \; | \quad \; | \quad \; | \\ H-C-C-C-C-C-C{\overset{\displaystyle =O}{\underset{\displaystyle OH}{}}} \\ | \quad \; | \quad \; | \quad \; | \quad \; | \\ H \quad H \quad H \quad H \quad H \end{array} \longrightarrow \text{sólido}$$

(ácido hexanoico)

Moléculas mais polarizadas terão, então, forças de atração intermolecular mais intensas que as forças de atração entre as moléculas de baixa polaridade ou entre as moléculas apolares. Como consequência, as moléculas fortemente polarizadas, que se ligam umas às outras por **Ligações de Hidrogênio**, terão PE mais elevados do que as moléculas, também polares, cujas ligações intermoleculares sejam do tipo **Dipolo Permanente**. As ligações de hidrogênio são um tipo particular de ligações dipolo permanente, cuja intensidade das interações entre moléculas é maior do que as demais interações intermoleculares.

As substâncias apolares são as que apresentam PE mais baixos, uma vez que as interações entre suas moléculas, interações do tipo **Forças de London** ou **Dipolo Instantâneo**, são as mais fracas.

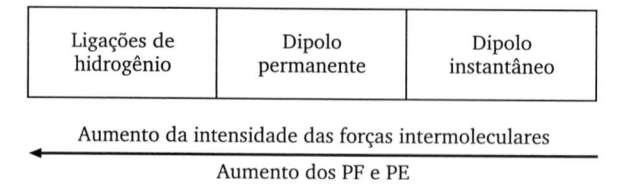

| Ligações de hidrogênio | Dipolo permanente | Dipolo instantâneo |

← Aumento da intensidade das forças intermoleculares
Aumento dos PF e PE

Assim, pode-se dizer que substâncias apolares (como hidrocarbonetos, éteres, alguns ésteres) com cadeias carbônicas pequenas possuem PE muito baixos, pois as interações entre suas moléculas são muito fracas. Já as substâncias polares (como álcoois, ácidos carboxílicos, aminas), mesmo com cadeias carbônicas pequenas, possuem PE mais elevados.

Para exemplificar podemos comparar o PE para o butanol (álcool), o butanal (aldeído) e o pentano (hidrocarboneto).

TABELA 8.1

Comparação entre propriedades físicas e interações intermoleculares de diferentes compostos

Substância	MASSA	PE(°C)	Ligações intermoleculares
(butanol)	74	118	Ligações de Hidrogênio
(butanal)	72	76	Dipolo Permanente
(pentano)	72	36,1	Dipolo Instantâneo

Se as atrações intermoleculares são mais fracas, haverá mudança de estado físico mais facilmente, devido a uma maior pressão de vapor da substância. A propriedade (à temperatura ambiente) de certas substâncias passarem do estado líquido para o estado de vapor é conhecida como volatilidade. Sendo a volatilidade uma propriedade dos líquidos, podemos dizer que, quanto maior a pressão de vapor de um líquido, mais facilmente ele entrará em ebulição, e maior será sua volatilidade.

A diferença dos pontos de ebulição das substâncias deve-se à energia necessária para que haja rompimento das ligações entre suas moléculas; assim, quanto maior a força das interações entre as moléculas de uma substância, maior a quantidade de energia necessária para separá-las, ou seja, maior será a temperatura de ebulição da substância. Vejamos na Tabela 8.2 alguns exemplos.

TABELA 8.2

Comparação entre diferentes grupos de compostos orgânicos em relação ao ponto de ebulição.

Fórmula estrutural	Substância	PE (°C) a 1 atm
$CH_3CH_2-NH_2$	etilamina	17
$CH_3-CH_2-O-CH_2-CH_3$	etóxietano	34,6
$CH_3-CH_2-C(=O)H$	propanal	49
$CH_3-C(=O)-CH_3$	propanona	56,1
CH_3-CH_2-OH	etanol	78,5
$H-O-H$	água	100
$CH_3-C(=O)OH$	ácido etanoico	118

ATIVIDADES

1. Observe o quadro abaixo, que contém dois grupos de substâncias semelhantes, porém com diferentes massas moleculares.

Subst.	N_2	O_2	Cl_2	Br_2	Subst.	CH_4	C_2H_6	C_4H_{10}	C_5H_{12}
PF(°C)	-209,9	-218,4	-101,0	-7,2	PF(°C)	-182	-183,3	-138,4	-130
PE(°C)	-195,8	-183	-34,6	58,8	PE(°C)	-164	-88,6	-0,5	36,1
M.M.	28	32	71	160	M.M.	16	30	58	72

M.M. – Massa molecular

   a) Faça a representação gráfica dos PE em função da massa molecular.
   b) O que você pode concluir sobre a influência da massa molecular sobre os PE das substâncias?

2. Observe o quadro abaixo onde aparecem dois grupos de substâncias que apresentam simultaneamente diferenças na massa molecular e na polaridade.

Subst.	HF	HCl	HBr	HI	Subst.	NH_3	PH_3	AsH_3	SbH_3
PF(°C)	-83,1	-114,8	-88,5	-50,8	PF(°C)	-77,7	-135,5	-113,5	-88,5
PE(°C)	19,5	-84,9	-67	-35,4	PE(°C)	-33,3	-87,4	-55	-17
M.M.	20	36,5	81	128	M.M.	17	34	78	125
M.D.	1,83D	1,11D	0,83D	0,45D	M.D.	1,47D	0,57D	0,20D	0,12D

M.M. – Massa molecular
M.D. – Momento dipolar

   a) Faça a representação gráfica dos PE em função do momento dipolar.
   b) O que se pode concluir sobre a influência da polaridade sobre os PE das substâncias?
   c) Na tabela acima, o HF e o NH_3 não seguem a tendência mais comum dos grupos a que pertencem. Como se explica isto?
   d) Para que os líquidos passem para o estado de vapor, deve haver a "quebra" das ligações entre suas moléculas. As forças de interação entre moléculas de diferentes substâncias são de mesma intensidade? Justifique.

3. Compare e justifique a solubilidade em água (se houver) das seguintes substâncias.
   a) Acetona
   b) Etanol
   c) Etano
   d) Ácido metanoico
   e) Benzeno
   f) 2-hexanol
4. Considere e explique a maior solubilidade em água do ácido propanoico, em relação à solubilidade em água do éter etílico.
5. Como você explicaria o procedimento utilizado para determinar o teor de álcool na gasolina, adicionando água à mistura álcool-gasolina?
6. Explique a ação de limpeza do sabão, considerando que a sujeira (apolar) é insolúvel em água (solvente polar)?
7. Justifique a volatilidade de alguns compostos orgânicos: éter, hexano, ciclo-hexano, tetracloreto de carbono a partir das estruturas moleculares e das interações intermoleculares.
8. Considerando que o número de carbonos é o mesmo nas substâncias propanol, propeno, propanona, ácido propanoico, coloque-as em ordem crescente de PE, justificando o critério utilizado.
9. Coloque em ordem crescente de solubilidade em água as substâncias pentanol, hexanol, butanol, propanol e etanol, justificando o critério utilizado.

— capítulo — **9**

Caráter ácido e caráter básico: propriedades importantes para a compreensão de reações de compostos orgânicos

ATIVIDADE EXPERIMENTAL: IDENTIFICAÇÃO DE ÁCIDOS E BASES ORGÂNICOS

Este experimento tem por objetivo determinar a acidez e a basicidade de diferentes substâncias utilizadas no dia a dia.

Materiais

comprimidos de AAS (ácido acetilsalicílico)
vitamina C
sonrisal
agarol
leite de magnésia
bicarbonato de sódio
pepsamar
malox plus
papel indicador universal de pH
papel tornassol
fenolftaleína
água destilada
béquer ou erlenmeyer de 50mL
vidro de relógio
bastão de vidro

Procedimentos

Parte 1 – Determinar o caráter ácido/básico de soluções formadas com as substâncias acima.
a) Dissolver os comprimidos em 25mL de água destilada.
b) Testar com papel tornassol as diferentes substâncias, determinando se têm caráter ácido ou básico.
c) Verificar o valor de pH das substâncias utilizando o papel indicador universal. Construir uma tabela com os nomes das substâncias, classificando-as em ordem crescente de pH.

Parte 2 – Testar a ação antiácida dos medicamentos sonrisal, pepsamar, malox plus, leite de magnésia.
a) Preparar uma solução de ácido clorídrico 0,1mol/L
b) Colocar 10mL de solução ácida em um béquer de 50mL.
c) Adicionar 2 gotas de fenolftaleína à solução ácida.
d) Medir o pH da solução com papel indicador universal. Anotar.
e) Dissolver um comprimido antiácido em 25mL de água. Adicionar 5mL desta solução, gota a gota, à solução ácida.
f) Verificar, com papel indicador universal, o pH da solução. Anote e compare com os valores encontrados anteriormente.
g) Determinar a variação de pH que ocorreu.

Parte 3 – Determinar a concentração de AAS em um comprimido.
a) Determinar a massa de um comprimido de AAS.
b) Dissolver o comprimido de AAS em 100mL de água. Aquecer durante 5 minutos.
c) Depois de resfriada a solução, colocar 20mL em um erlenmeyer. Adicionar 2 gotas de fenolftaleína.
d) Gotejar uma solução de hidróxido de sódio 0,1mol/L sobre a solução aquosa de AAS, até a mudança de cor do indicador.
e) Determinar a concentração de AAS no comprimido. No ponto de equivalência, o número de mols de íons H^+ será igual ao número de mols dos íons OH^-.

$$M_{AAS} \times V_{AAS} = M_{NaOH} \times V_{NaOH}$$

$$M_{AAS} = \frac{M_{NaOH} \times V_{NaOH}}{V_{AAS}}$$

onde:

M_{AAS} = concentração em mol/L ácido acetilsalicílico
V_{AAS} = volume de ácido acetilsalicílico

M_{NaOH} = concentração em mol/L da base
V_{NaOH} = volume da base

Para determinar a quantidade, em massa de AAS (m_{AAS}) presente no comprimido, utiliza-se a expressão:

$$M_{AAS} = \frac{m_{AAS}}{M_{AAS} \times V_{AAS}}$$

Dado: massa molar do AAS = $\overline{M}$ = 180 g/mol
Fonte: Vieira, L. O., p.75-76

EQUILÍBRIO QUÍMICO

A situação de equilíbrio químico se caracteriza quando, em um sistema reacional, ocorrem, simultaneamente, reações direta e inversa. No momento em que a velocidade da reação direta torna-se igual à velocidade da reação inversa, diz-se que o sistema entrou em equilíbrio químico. Em um sistema desse tipo, considere a equação que representa a reação genérica entre A e B:

$$aA + bB \rightleftharpoons cC + dD$$

e as equações de velocidade V_1 e V_2 para as reações direta e inversa respectivamente:

$$V_1 = K_1[A]^a[B]^b \qquad V_2 = K_2[C]^c[D]^d$$

Sendo $V_1 = V_2$, então: $K_1[A]^a[B]^b = K_2[C]^c[D]^d$

Desta relação, resulta que:

$$\frac{K_1}{K_2} = \frac{[C]^c[D]^d}{[A]^a[B]^b} = K_e \quad \text{ou} \quad \text{Constante de equilíbrio } (K_e) = \frac{[\text{produtos}]}{[\text{reagentes}]}$$

A constante de equilíbrio representa a relação entre as concentrações de produtos formados e as concentrações de reagentes que permanecem no sistema, e é dependente da temperatura. Assim, a partir do valor de K_e, pode-se fazer uma previsão do rendimento da reação, pois quanto maior o valor de K_e, maior a concentração de produtos em relação à concentração de reagentes, sendo esse um indicativo de rendimento da reação.

Equilíbrios ácido-base

Ionização de ácidos

A equação proposta para a ionização de um ácido HA é:

$$HA_{(aq)} + H_2O_{(L)} \rightleftharpoons H_3O^+ \; A^-_{(aq)}$$

Ácidos fortes são aqueles que, em solução aquosa diluída, têm praticamente 100% de suas moléculas ionizadas, sendo um desses íons o H_3O^+. Para ácidos fortes, a percentagem de moléculas não dissociadas é muito pequena. Os ácidos fracos, ao contrário, têm baixo grau de ionização, produzindo íons H_3O^+ em pequena quantidade. Assim, a constante de equilíbrio indica a concentração de moléculas ionizadas em relação à concentração de moléculas não ionizadas. A força de um ácido, isto é, seu grau de ionização em solução, é indicado pela magnitude de sua constante de ionização (K_a). Quanto mais fraco o ácido, menor será o valor da constante de equilíbrio K_a, chamada constante de ionização dos ácidos. A constante é expressa por:

$$K_a = \frac{[H_3O^+][A^-]}{[HA][H_2O]}$$

No entanto, como a concentração da água permanece constante, a constante de ionização (K_a) para um ácido fraco, HA, pode ser definida como:

$$K_a = \frac{[H_3O^+][A^-]}{[HA]}$$

No caso de ácidos fortes, não se utiliza esse tipo de relação, uma vez que praticamente 100% de suas moléculas estão ionizadas, então, calcula-se a concentração de íons H_3O^+ em uma relação direta com a concentração do ácido, em mol/L.

Ionização de bases

Considerando uma base BOH, a equação que representa a dissociação de seus íons, em presença de água, pode ser escrita como:

$$BOH_{(aq)} + H_2O_{(L)} \rightleftharpoons B^+_{(aq)} + OH^-_{(aq)}$$

Considerando que a concentração de $H_2O_{(L)}$ permanece constante, a constante de equilíbrio K_b, denominada constante de dissociação das bases, pode ser representada por:

$$K_b = \frac{[B^+][OH^-]}{[BOH]}$$

No caso de bases fortes, não se utiliza esse tipo de relação, uma vez que praticamente 100% de suas moléculas estão dissociadas. Então, calcula-se a concentração de íons OH^- em uma relação direta com a concentração da base, em mol/L.

Caráter ácido de compostos orgânicos

Uma reação química pode ser considerada como um rearranjo atômico. Ou seja, há o rompimento de ligações químicas e o estabelecimento de novas ligações para a formação dos produtos. Nos compostos orgânicos, o modelo de ligação química preponderante é o modelo de ligação covalente. Nesses compostos, as interações entre os átomos de carbono em uma cadeia carbônica e, também, com os demais elementos, determinam a polaridade/não polaridade do composto. Quando, além de carbono e hidrogênio, há grupamentos contendo oxigênio, nitrogênio ou outros elementos com eletronegatividade acentuada, haverá uma distribuição não uniforme das cargas elétricas nas moléculas dos compostos. Como consequência, evidenciamos diferentes comportamentos das substâncias quanto a sua reatividade. Algumas substâncias se comportam como bases, enquanto outras têm comportamento de ácidos de Arrhenius, de Lewis ou de Brönsted-Lowry.

Pode-se dizer que, quanto maior a tendência de uma substância orgânica de produzir íons H_3O^+, maior será seu caráter ácido. Os ácidos carboxílicos, como é o caso do ácido acético, apresentam esta tendência, que pode ser representada pela reação de ionização do ácido acético quando em presença de água.

$$H_3C-C\begin{smallmatrix}\diagup O \\ \diagdown O-H\end{smallmatrix} + H_2O \rightleftharpoons H_3C-C\begin{smallmatrix}\diagup O \\ \diagdown O^-\end{smallmatrix} + H_3O^+$$

Pela teoria ácido-base de Arrhenius, os ácidos são substâncias que, em solução aquosa, produzem o cátion H_3O^+. De modo geral, diz-se que os ácidos carboxílicos ionizam, produzindo o íon H_3O^+.

$$R-C\begin{smallmatrix}\diagup O \\ \diagdown O-H\end{smallmatrix} + H_2O \rightleftharpoons R-C\begin{smallmatrix}\diagup O \\ \diagdown O^-\end{smallmatrix} + H_3O^+$$

Assim, um ácido é tanto mais forte quanto maior for sua tendência de ionizar, produzindo o íon hidrônio (H_3O^+). A constante de ionização do ácido (K_a) é uma grandeza que permite determinar essa tendência. Quanto maior for o valor da constante de ionização de um ácido (K_a), maior será seu caráter ácido:

$$\text{Ácido} \rightleftharpoons + H_3O^+ + \text{Ânion}$$

$$K_a = \frac{[H_3O^+]\,[\text{Ânion}]}{[\text{Ácido}]}$$

Podemos comparar diferentes compostos orgânicos e determinar sua força ácida, a partir de suas constantes de ionização. Quanto maior for o K_a, mais deslocado para direita estará o equilíbrio, ou seja, maior será a tendência do ácido para ionizar, resultando no íon H_3O^+. Considerando a constante de ionização de um ácido inorgânico e de um ácido orgânico, pode-se comparar a força ácida dessas substâncias.

$$HCl_{(aq)} \rightleftharpoons H_3O^+ + Cl^-_{(aq)} \quad K_a = 1{,}0.10^7 = \frac{[H_3O^+]\cdot[Cl^-]}{[HCl]}$$
$$\text{ácido forte}$$

$$HCOOH_{(aq)} \rightleftharpoons H_3O^+ + HCOO^-_{(aq)} \quad K_a = 1{,}7.10^{-4} = \frac{[H_3O^+]\cdot[HCOO^-]}{[HCOOH]}$$
$$\text{ácido fraco}$$

Com relação aos compostos orgânicos, em especial os ácidos carboxílicos, estes têm baixo grau de ionização se comparados com a primeira constante de ionização de alguns ácidos inorgânicos como, por exemplo, os ácidos, o clorídrico, o sulfúrico ou o nítrico. No entanto, se compararmos com a água, o grau de ionização de ácidos carboxílicos é bem maior ($K_{a\,(\text{água})} = 10^{-14}$). Ao fazermos essa comparação com os álcoois, veremos que, embora esses tenham o hidrogênio ligado ao oxigênio na hidroxila, apresentam K_a menor ainda que o da água, conforme indicado nos exemplos que seguem, enquanto os fenóis, ao contrário, são mais ácidos do que os álcoois e do que a água (K_a da ordem de 10^{-10}). Isso explica a ocorrência de reações típicas de neutralização entre ácidos carboxílicos ou fenóis com bases. No caso dos álcoois, embora não tenham caráter básico acentuado, reagem com ácidos carboxílicos, formando ésteres e água.

Vejamos os valores de K_a para alguns ácidos carboxílicos, álcoois, fenóis e água, como indicativos para comparar o caráter ácido/básico desses compostos.

$$H_3C-C\overset{O}{\underset{OH}{\diagdown}} \rightleftharpoons H_3C-C\overset{O}{\underset{O^-}{\diagdown}} + H_3O^+ \quad K_a = 1,8.10^{-5}$$

$$\text{C}_6\text{H}_5-OH \rightleftharpoons \text{C}_6\text{H}_5-O^- + H_3O^+ \quad K_a = 1,3.10^{-10}$$

$$HOH \rightleftharpoons OH^- + H_3O^+ \quad K_a = 1,0.10^{-14}$$

$$H_3C-CH_2-OH \rightleftharpoons H_3C-CH_2-O^- + H_3O^+ \quad K_a = 1,0.10^{-16}$$

caráter ácido crescente ↑

Esses valores indicam a seguinte ordem de acidez:
álcool < água < fenol < ácido carboxílico
(etanol < água < hidróxibenzeno < ácido atenoico)

Como o álcool é menos ácido do que a água, podemos dizer que a reação de ionização e de liberação de íons H_3O^+ é pequena se comparada com ácidos e com fenóis. Isso justifica o fato de os álcoois não reagirem com bases, mas reagirem com ácidos, como é o caso das reações de esterificação, onde álcoois reagem com ácidos carboxílicos, produzindo ésteres e água.

$$H_3C-C\overset{O}{\underset{O-H}{\diagdown}} + H-O-CH_3 \overset{H^+}{\rightleftharpoons} H_3C-C\overset{O}{\underset{O-CH_3}{\diagdown}} + H_2O$$

ácido etanoico   metanol   etanoato de metila

Os ácidos e os fenóis reagem com bases. Os compostos orgânicos obtidos em reações entre ácidos carboxílicos e bases ou entre fenóis e bases são denominados sais orgânicos. A nomenclatura desses sais é semelhante à nomenclatura de sais inorgânicos e de ésteres.

$$H_3C-C\overset{O}{\underset{OH}{\diagdown}} + NaOH_{(aq)} \rightleftharpoons H_3C-C\overset{O}{\underset{O^-Na^+_{(aq)}}{\diagdown}} + HOH$$

ácido acético   hidróxido de sódio   acetato de sódio   água
ácido etanoico   etanoato de sódio

$$\text{C}_6\text{H}_5-OH + NaOH_{(aq)} \rightleftharpoons \text{C}_6\text{H}_5-O^-Na^+_{(aq)} + HOH$$

fenol   hidróxido de sódio   fenolato de sódio   água

$$H_3C-CH_2-OH + NaOH_{(aq)} \rightleftharpoons \textbf{Não reage}$$

etanol   hidróxido de sódio

Caráter básico de compostos orgânicos

As aminas são denominadas bases orgânicas, pois apresentam caráter básico fraco idêntico ao do gás amônia (NH_3). Façamos a comparação entre as reações representadas abaixo:

$$NH_{3(aq)} + HCl_{(aq)} \longrightarrow NH_4^+Cl^-_{(aq)}$$

base   ácido   cloreto de amônio
(amônia)   (ácido clorídrico)   (sal)

$$CH_3-NH_{2(aq)} + HCl_{(aq)} \longrightarrow [CH_3-NH_3^+]Cl^-_{(aq)}$$

base   ácido   cloreto de metil-amônio
(metilamina)   (ácido clorídrico)   ou cloridrato de metil-amina

Esses sais podem reagir com bases fortes, formando hidróxidos de aminas, que, por serem instáveis, se decompõem. Vejamos os exemplos abaixo:

$$NH_4Cl_{(aq)} + NaOH_{(aq)} \longrightarrow NH_4OH_{(aq)} + NaCl_{(aq)}$$

sal   base   hidróxido de amônio   sal
          (instável)

$$NH_4OH_{(aq)} \longrightarrow NH_{3(aq)} + H_2O_{(l)}$$

hidróxido de amônio   amônia
(instável)

$$[CH_3-NH_3]^+Cl^-_{(aq)} + NaOH_{(aq)} \longrightarrow [CH_3-NH_3^+]OH^-_{(aq)} + NaCl_{(aq)}$$

sal   hidróxido
            (instável)

$$[CH_3-NH_3^+]OH^-_{(aq)} \longrightarrow CH_3-NH_{2(aq)} + H_2O_{(l)}$$

hidróxido   amina
(instável)

Qual seria a explicação para o caráter básico das aminas? Nos compostos orgânicos com presença de grupamento amino, há, no nitrogênio, um par de elétrons isolado (não ligante), como indicado na estrutura da amônia (:NH₃).

$$H-\underset{H}{\overset{\overset{..}{N}}{|}}-H$$

Em função desse par de elétrons isolado, é possível representar as reações de aminas em meio ácido do seguinte modo:

$$:NH_3 + H^+ \longrightarrow [NH_4]^+$$

gás amônia (base de Lewis) → NH₄⁺ íon amônio

$$CH_3-\overset{..}{N}H_2 + H^+ \longrightarrow CH_3-\overset{\oplus}{N}H_3$$

amina (base de Lewis) → íon metil-amônio

É importante destacar que o caráter básico das aminas não é acentuado como o das bases inorgânicas de metais alcalinos e alcalinos terrosos. A amônia, por exemplo, é considerada uma base fraca, se comparada ao hidróxido de sódio (NaOH).

Comparando-se a amônia com as aminas primárias, essas são bases um pouco mais fortes, pois o grupo alquila "empurra os elétrons" para o grupo amino (R → NH₂), aumentando a densidade eletrônica no nitrogênio e facilitando a interação do H⁺, para formar o R"NH₃⁺. As aminas alifáticas secundárias, tendo dois grupos alquila (R-NH-R'), são bases mais fortes que as aminas primárias. Seguindo este mesmo raciocínio, teríamos as aminas terciárias como aminas ainda mais fortes; no entanto, essas são mais fracas do que as aminas primárias e secundárias. A explicação está na existência de três grupos alquila ao redor do nitrogênio, o que deixa pouco espaço para a fixação do H⁺ na molécula e para a formação do íon R₃NH⁺, fenômeno conhecido como impedimento espacial ou estérico.

$CH_3-\overset{..}{N}H_2$
metilamina
(amina primária)
$K_b = 4{,}4.10^{-4}$

$H_3C-\overset{..}{N}H-CH_3$
dimetilamina
(amina secundária)
$K_b = 5{,}2.10^{-4}$

$H_3C-\underset{\overset{|}{CH_3}}{\overset{CH_3}{N}}-CH_3$
trimetilamina
(amina terciária)
$K_b = 6{,}0.10^{-5}$

Comparando-se as aminas alifáticas com as aminas aromáticas, essas últimas são bases fraquíssimas, pois o par eletrônico do nitrogênio é estabilizado pelo anel aromático, dificultando, assim, sua interação com o H+. Pode-se dizer que qualquer grupo que estabilize elétrons para o nitrogênio diminui a basicidade da amina.

A ordem de basicidade para as aminas pode ser indicada por:

$$Ar_3N < Ar_2NH < ArNH_2 < NH_3 < R_3N < RNH_2 < R_2NH$$

Desse modo, pode-se explicar a reatividade das aminas com ácidos carboxílicos como, por exemplo, a que ocorre decorrente do uso comum de limão ou de vinagre como tempero para a carne do peixe. O cheiro característico da carne do peixe e, sobretudo, de peixe podre, deve-se à formação de aminas (principalmente a trimetilamina).

$$(CH_3)_3\overset{..}{N} + CH_3-C\overset{O}{\underset{OH}{\diagdown}} \xrightarrow{H_2O} CH_3-C\overset{O}{\underset{O^-N^+(CH_3)_3}{\diagdown}} + H_3O^+$$

De modo semelhante, podemos explicar a função dos desodorantes que contêm bicarbonato de sódio em sua formulação. O bicarbonato de sódio, sal de caráter básico, reage com ácidos carboxílicos eliminados na transpiração, neutralizando-os. O estudo dos processos que envolvem a formação desses ácidos pelo organismo e sua eliminação pela pele é objeto de estudo de cientistas, que procuram identificar as substâncias que causam o odor desagradável na transpiração. Esses estudos indicam que os ácidos carboxílicos, entre eles o ácido 3-metil-2-hexenoico, são as substâncias responsáveis pelo mau cheiro.

$$CH_3-CH_2-CH_2-\underset{\underset{CH_3}{|}}{C}=CH-\underset{\underset{}{}}{\overset{\overset{O}{\|}}{C}}-OH$$

ácido 3-metil-2-hexenoico

Os compostos malcheirosos são produzidos por bactérias que se nutrem do material liberado por glândulas presentes nas axilas. Para minimizar/eliminar o odor desagradável, as pessoas usam desodorantes e, embora alguns desses desodorantes tenham em sua composição apenas uma substância perfumada que mascara o mau cheiro causado pela transpiração, outros incluem em sua composição substâncias que inibem a atuação dos microrganismos. No mercado podem ser encontrados, por exemplo, talcos e desodorantes que possuem bicarbonato de sódio. A função dessa substância é diminuir o odor por meio da reação com os ácidos carboxílicos, transformando-os em sais correspondentes.

$$R-C\underset{OH}{\overset{O}{\lessgtr}} + NaHCO_3 \longrightarrow R-C\underset{O^-N^+}{\overset{O}{\lessgtr}} + H_2O + CO_2$$

ácido carboxílico   base   sal orgânico
(responsável pelo   (sem cheiro)
cheiro de suor)

ATIVIDADES

1. Qual a substância mais ácida entre os pares abaixo. Para cada escolha, justifique.

a) $CH_3-CH_3-C\underset{OH}{\overset{O}{\lessgtr}}$ CH_3-CH_2-OH

b)

![fenol e cicloexanol com OH]

c) $CH_3-CH_2-C\underset{OH}{\overset{O}{\lessgtr}}$ $CH_3-CF_2-C\underset{OH}{\overset{O}{\lessgtr}}$

2. Entre os compostos: álcool, aldeído, hidrocarboneto, fenol, ácido carboxílico, amina, amida, qual(is) poderia(m) reagir com uma solução de NaOH? Justifique.
3. Coloque os compostos etilamina, fenol e propanol em ordem crescente de acidez. Justifique.
4. Justifique a maior força ácida do ácido benzoico em relação ao ácido acético.
5. A aspirina é um medicamento utilizado diariamente por pessoas que têm problemas de circulação sanguínea, geralmente pacientes vítimas de Acidente Vascular Cerebral (AVC). É recomendado que o medicamento seja ingerido durante as refeições, devido aos efeitos colaterais que pode causar, sendo um deles sensação de azia estomacal. Analise a estrutura química da aspirina e justifique a recomendação médica.

aspirina

6. Princípios ativos de drogas como a cocaína, a nicotina e a anfetamina, entre outros, são identificados como alcaloides. Essa denominação tem relação com o termo *álcalis*. Analise a estrutura química da cocaína e justifique a associação dos termos: alcaloide – álcalis.

cocaína

7. Com relação ao caráter básico das aminas, responda:
   a) As aminas são consideradas bases, de acordo com qual(is) teoria(s) ácido-base? Arrhenius? Brönsted-Lowry? Lewis? Justifique.
   b) Por que as aminas alifáticas apresentam caráter básico mais acentuado que as aminas aromáticas?
8. Entre os "saberes populares", é recomendado o uso de leite de magnésia como desodorante. Qual a fundamentação química desta recomendação? Explique por meio de reações químicas.
9. O ácido tricloroacético é um ácido carboxílico de caráter ácido mais acentuado que o ácido acético e que o fenol. A solução aquosa 50% de ácido tricloroacético é utilizada pelos dentistas para cauterizar feridas, pois, por se tratar de um ácido forte, destrói o tecido lesado. Como se explica o fato de o ácido tricloroacético ter caráter ácido mais acentuado que o ácido acético?
10. Considere as afirmações que seguem com relação aos ácidos carboxílicos. Argumente a adequação das afirmações.
    a) Os ácidos orgânicos geralmente são ácidos fracos.
    b) Os ácidos monocarboxílicos reagem com carbonatos, e os fenóis, não.
    c) A substituição de átomos de hidrogênio dos ácidos orgânicos por átomos de elementos mais eletronegativos altera a constante de ionização (K_a) do ácido.
11. Responda as questões referentes aos compostos representados.
    a) Todos apresentam OH alcoólico?
    b) Apenas os compostos II, III, IV apresentam OH alcoólico?
    c) Somente o composto I tem caráter ácido?
    d) Os compostos I e II têm caráter mais ácido que os demais?
    e) Os compostos I, II, III têm ação sobre indicadores ácido-base?

    I) H_3C-CH_2-COOH

    II) C_6H_5-OH (fenol)

    III) $C_6H_5-CH_2-CH_2-OH$

    IV) H_3C-CH_2-OH

12. Os compostos

$$H_3C-NH_2 \qquad H_3C-NH-CH_3 \qquad H_3C-\underset{\underset{CH_3}{|}}{N}-CH_3$$

são derivados da amônia e são encontrados como produtos da decomposição de peixes. Justifique quimicamente a utilização de vinagre ou de limão para "temperar" a carne de peixe.

13. Durante o cozimento de peixes são formadas amidas, resultantes de reações de aminas primárias com ácidos graxos. Suponha a formação de amida a partir da reação entre a dimetilamina e o ácido esteárico. Represente a reação química, identificando grupos funcionais que caracterizem o caráter ácido/básico dos compostos.

Referências

AMBROGI, A. *Química para magistério*. São Paulo: Harbra, 1995. p. 155-125.

APPLE, M.W. *Trabalho docente e textos*: economia política das relações de classe e de gênero em educação. Porto Alegre: Artmed, 1995.

ATKINS, P. W. *Moléculas*. São Paulo: Editora da Universidade de São Paulo, 2000.

BAGATIN, O.; SIMPLÍCIO, F. I.; SANTIN, S. M.; FILHO, O.S. Rotação da luz polarizada por moléculas quirais: uma abordagem histórica com proposta de trabalho em sala de aula. *Química Nova na Escola*, n°21, maio 2005, p.34-38.

CAMPOS, Marcello de Moura (coord.). *Fundamentos de química orgânica*. São Paulo: Edgard Blücher Ed. da Universidade de São Paulo, 1980.

CANTO, E. L. do; PERUZZO, F. M. *Química na abordagem do cotidiano-química orgânica*. 2. ed. São Paulo: Moderna, 1998. p. 366-377. v. 3.

CANTO, E; PERUZZO, T. M. *Química na abordagem do cotidiano*. São Paulo: Moderna, 1998. v. 3.

CARRARO, Gilda. *Agrotóxico e meio ambiente*: uma proposta de ensino de ciências e de química. Porto Alegre: Área de Educação Química/UFRGS, 1997.

CARVALHO, Geraldo Camargo. *Química moderna*. 3. ed. São Paulo: Scipione, 1995.

CHASSOT, A. I.; DEL PINO, J. C.; SALGADO, T. D. M. *Questões de química do cotidiano versus questões tradicionais como instrumento de seleção no vestibular*. In: Anais do XXXI Congresso Brasileiro de Química/ABQ. Recife, 1991.

CHASSOT, A.I. *Catalisando transformações na educação*. Ijuí: Ed. Unijuí, 1993.

COELHO, F.A. S. Fármacos e quiralidade. *Química Nova na Escola – Caderno temático*, n. 3, 2001.

CORAZZA, S.M. *Tema gerador: concepções e práticas*. Ijuí: Ed. Unijuí, 1992.

CORREIA, P. R. M. et al. Explorando a Química na Determinação do Teor de Álcool na Gasolina. *Química Nova na Escola*, n. 17, 2003. p.42-44.

COSTA, T. S.; ORNELAS, D. L.; CANESSO, P. I.G. e MERÇON, F. Confirmando a esterificação de Fischer por meio dos aromas. *Química Nova na Escola*, n. 19, maio 2004, p.36-38.

CRUZ, R. *Experimentos de química em microescala – Química Orgânica*. São Paulo: Scipione, 1995. p.34.

Referências

DEL PINO, J. C.; CHASSOT, A. I.; SCHROEDER, E. O.; SALGADO, T. D. M.; KRÜGER, V. Química do cotidiano: pressupostos teóricos para a elaboração de material didático alternativo. *Espaços da Escola.* v. 3, n. 10, p. 47-53, 1993.

DEL PINO, J. C.; NETO, O. *Trabalhando a química dos sabões e detergentes.* Porto Alegre: Área de Educação Química/UFRGS, 1997.

DEL PINO, J. C.; FERREIRA, M.; KRÜGER, V. Poluição do ar. In: LOPES, C. M. e KRÜGER, V. (org.). *Proposta para o ensino de química*: Poluição do ar e lixo. Porto Alegre: SE/CECIRS, 1997.

ELLIS, H. et all. *Book of data. Revised Nuffield Advance of Science.* London: Longman, 2003.

FELTRE, R. *Química*: química orgânica. 5. ed. São Paulo: Moderna, 2000. v. 3.

FERREIRA, A. B. de H. *Novo dicionário da língua portuguesa.* 2. ed. Rio de Janeiro: Nova Fronteira, 1997.

FERREIRA, E. C.; MONTES, R. A química na produção de bebidas alcoólicas. *Química Nova na Escola*, n. 10, 1999. p. 50-51.

FERREIRA, G. A L.; MOL, G. de S.; SILVA, R. R. Um modelo de bafômetro. *Química Nova na Escola*, n. 5, 1997, p.32-33.

FERREIRA, M. *Ligações químicas*: uma abordagem centrada no cotidiano. Porto Alegre: Área de Educação Química/UFRGS, 1998.

FERREIRA, M. *O cotidiano, o meio ambiente e o nacionalismo constituindo as ações educativas de uma empresa estatal.* Dissertação Mestrado. Porto Alegre: Pós-graduação em Educação/UFRGS, 2001.

FERREIRA, M. Reações Químicas: transformando significados através dos tempos. In: NOGUEIRA, S. N. et all. *Saberes e práticas de ensino e pesquisa.* Canoas: Unilasalle/Salles, 2006.

FRANCHETTI, S. M. M; MARCONATO, J. C. A importância das propriedades físicas dos polímeros-reciclagem. *Química Nova na Escola*, n. 18, 2003, p. 42-45.

FREIRE, P. *Pedagogia da autonomia: saberes necessários à prática educativa.* São Paulo: Paz e Terra, 1996.

GIROUX, H. A. Praticando estudos culturais nas faculdades de educação. In: SILVA, T. T. (Org.). *Alienígenas na sala de aula*: uma introdução aos estudos culturais em educação. Rio de Janeiro: Vozes, 1995.

GOULART, I. B. *Piaget*: Experiências básicas para a utilização pelo professor. Petrópolis: Vozes, 1989.

Handbook of Chemistry and Physics –Weast 70th edition, 1989-1990.

HARTWIG, D. R.; MOTA, R. N.; SOUZA, E. *Química 3 –química orgânica.* São Paulo: Scipione, 1999.

Jornal Zero Hora, Caderno Eureka, 21/10/2002.

HERRON, J.D. Piaget for chemists: explaining what "good" students cannot understand. *Journal Of Chemical Education*, 1975, p.146-150.

KRÜGER, V. *A construção de um ensino ativo de química a partir do cotidiano de professores de educação básica.* Dissertação de Mestrado. Porto Alegre: Programa de Pós-graduação em Educação/UFRGS, 1994.

LEMBO, Antonio. *Química*: realidade e contexto. São Paulo: Ed. Ática, 2000.

LUTFI, M. *Os ferrados e os cromados*: produção social e apropriação privada do conhecimento químico. Ijuí: Ed. Unijuí, 1992.

MAAR, Juergen Heinrich. *Pequena história da química*. Florianópolis: Papa-Livro, 1999.

MALDANER, O. A. *Química 2- consolidação de conceitos fundamentais*. Ijuí: Ed. Unijui, 1993.

MCMURRY, J. *Química orgânica*. 4. ed. Rio de Janeiro: LTC, 2000. p. 226-229. v. 2.

MORRISON, R. T.; BOYD, R. N. *Química Orgânica*. 8. ed. Lisboa: Fundação Calauste Gulbenkian.

OSBORNE, R.; FREYBERG, P. *El aprendizaje de las ciências*: implicaciones de la ciencia de los alumnos. Madrid: Narcea, 1991.

PAVIA, D. L. et all. *Introduction to Organic Laboratory Techniques*. 2nd ed. Philadelphia: Saunders, 1982. p. 84.

POZO, J.I.; PÉREZ, M.P.; DOMÍNGUEZ, J.; GÓMEZ, M.A.; POSTIGO, Y. *A solução de problemas*. Porto Alegre: Artmed, 1998.

REIS, M.R. *Completamente química*: química orgânica. Ed. FTD, 2001, p.313-315

REIS, Martha. *Química integral*. São Paulo: FTD, 1993.

Revista Época, 22/11/1999, p.112.

Revista Superinteressante – Terra Quente-CD 10 anos. Ed. Abril, n.4, ano 3, 1989.

Revista Veja, 17/10/2001, p.134.

SANTOS, W. L. P.; SCHNETZLER, R. P. *Educação em química*: compromisso com a cidadania. Ijuí: Ed. Unijuí, 1997.

SILVA, R. H.; SILVA, E. B. *Curso de química 3*. 2. ed. São Paulo: Harbra.

SILVA, T. T. *Documentos de identidade*: uma introdução às teorias do currículo. Belo Horizonte: Autêntica, 1999.

USBERCO, João; SALVADOR, Edgar. *Química 3 – química orgânica*. São Paulo: Ed. Saraiva, 2000.

VIEIRA, L. *Química, saúde & medicamentos*. Porto Alegre: Área de Educação Química/UFRGS,1996.

WANNMACHER, C. M. D.; DIAS, R. D. *Bioquímica fundamental*. 5. ed. Porto Alegre: Editora UFRGS, 1982. p.9-15.

SITES CONSULTADOS

http://chemistry.beloit.edu/Ozone/moviepages/rCCl2F2.htm

http://correio.ff.ul.pt/~constant/tl/tecnicas/Image9.gif

http://icg.harvard.edu/~chem27/section/fellows/previous/2002/Carl/Week11-Terpene.pdf

http://leda.lycaeum.org/Chemicals/LSD.10.shtml

http://ntp-server.niehs.nih.gov/htdocs/LT-studies/tr446.html

http://pt.wikipedia.org/wiki/Louis_Pasteur

http://ptcl.chem.ox.ac.uk/MSDS/DI/dichlorodifluoromethane.html

http://web.umr.edu/~wlf/Synthesis/teflon.html

http://www.cannabis.net/structure/

http://www.chem.ox.ac.uk/mom/cannabis/cann1.htm

Referências

http://www.chemie.tu-muenchen.de/oc1/History/EmilErlenmeyer.htm
http://www.consumaseguridad.com/investigacion/object.php?o=1892
http://www.crer-vip.org.br/drogas/lolo.htm
http://www.drogasbr.hpg.ig.com.br/inalantes.htm
http://www.eciencia.usp.br/energiaetransformaçaoquimicas
http://www.eq.uc.pt/~mena3/anilina.html
http://www.fortunecity.com/tattooine/excession/177/h_qorganica1.html
http://www.gasflux.com.br/news_old4.html
http://www.geocities.com/Vienna/Choir/9201/obtencao_dos_fenois.htm
http://www.gpi.g12.br/2_serie_ensinomedio/provas/arquivos/3bim/2_serie_prova_bimestral_quimica_24_09_gabarito.doc
http://www.ibg.com.br/acetileno.htm
http://www.imesc.sp.gov.br/infodrogas/inalante.htm
http://www.inchem.org/documents/cicads/cicads/cicad23.htm
http://www.josenirbarreto.hpg.ig.com.br/etanol.htm
http://www.logoplaste.pt/produtos/hplasticos.htm
http://www.petrobras.com.br
http://www.qmc.ufsc.br/qmcweb/artigos/aditivos.html
http://www.qmc.ufsc.br/qmcweb/artigospolimeros
http://www.quimica.ufpr.br/~ssta/mercaptana.html
http://www.refrigerant-supply.com/R-11.htm
http://www.refrigerant-supply.com/r-115.htm
http://www.refrigerant-supply.com/R-13.htm
http://www.sbq.org.br
http://www.remas.ufsc.br/exercicios/Quimiodinamica/20021/exercicio_01.doc
http://www.setor1.com/aditivos
http://www.uol.com.br/folhaonline/educaçao
http://www1.folha.uol.com.br/fsp/fovest/fo0410200114.htm
http://www1.folha.uol.com.br/fsp/fovest/fo0410200114.htm
www.qmc.ufsc.br/qmcweb/artigos/polímeros